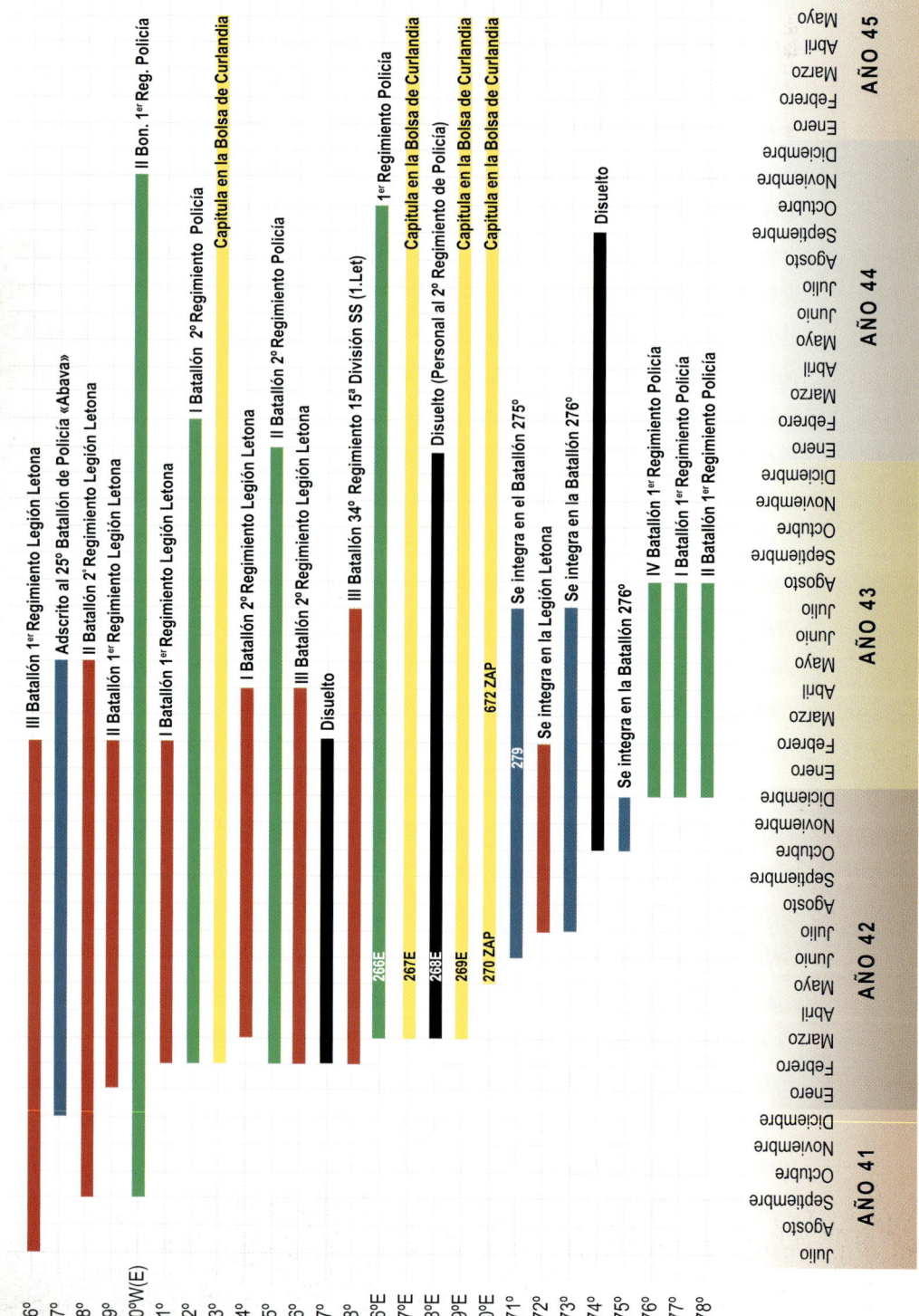

BATALLONES *SCHUMA* LETONES

Batallón

	AÑO 41	AÑO 42	AÑO 43	AÑO 44	AÑO 45

16º — III Batallón 1er Regimiento Legión Letona

17º — Adscrito al 25º Batallón de Policía «Abava»

18º — II Batallón 2º Regimiento Legión Letona

19º — II Batallón 1er Regimiento Legión Letona

20ºW(E) — II Bon. 1er Reg. Policía

21º — I Batallón 1er Regimiento Legión Letona

22º — I Batallón 2º Regimiento Policía · I Batallón 1er Regimiento Legión Letona

23º — Capitula en la Bolsa de Curlandia

24º — I Batallón 2º Regimiento Legión Letona

25º — II Batallón 2º Regimiento Policía · III Batallón 2º Regimiento Legión Letona

26º — III Batallón 2º Regimiento Legión Letona

27º — Disuelto

28º — III Batallón 34º Regimiento 15ª División SS (1.Let)

16ºE — 1er Regimiento Policía · 266E

17ºE — Capitula en la Bolsa de Curlandia · 267E

18ºE — Disuelto (Personal al 2º Regimiento de Policía) · 268E

19ºE — Capitula en la Bolsa de Curlandia · 269E

20ºE — Capitula en la Bolsa de Curlandia · 270 ZAP · 672 ZAP

271º — Se integra en el Batallón 275º · 279

272º — Se integra en la Legión Letona

273º — Se integra en la Batallón 276º

274º — Disuelto

275º — Se integra en la Batallón 276º

276º — IV Batallón 1er Regimiento Policía

277º — I Batallón 1er Regimiento Policía

278º — II Batallón 1er Regimiento Policía

BATALLONES *SCHUMA* Y DE POLICÍA LETONES

Batallón

279° — Disuelto
271° — Se integra en el 43° Reg. SS
275° — Se integra en la Legión Letona
280° — Disuelto
281° — Disuelto
282° — Se integra en el Batallón 277°
280°A — Disuelto
281°A — III Batallón 1er Regimiento Policia
282°A — III Batallón 2° Regimiento Policia
280°B — IV Batallón 2° Regimiento Policia
317°F — I Batallón 3er Regimiento Policia
318°F — II Batallón 3er Regimiento Policia
319°F — Capitula en la Bolsa de Curlandia
320°W — Disuelto
321°F — Se integra en el 3er Regimiento Policia
315°C — Disuelto
314°C — IV Batallón de Construcción
283° — Disuelto
325° — Destruido
326° — 326° Batallón de Construcción
327° — 327° Batallón de Construcción
328° — 328° Batallón de Construcción
322° — Capitula en la Bolsa de Curlandia

Leyenda

- Batallones que pasaron a las divisiones SS Letonas
- Batallones que sirvieron hasta el final como Batallones de Policía
- Batallones que pasaron a los Regimientos de Policía
- Batallones que se rindieron en la Bolsa de Curlandia
- Batallones que se disolvieron y no se integraron en ninguna otra unidad
- Batallones destruidos en combate
- Batallones que se conviertieron en unidades de construcción

Línea temporal (meses): Julio, Agosto, Septiembre, Octubre, Noviembre, Diciembre, Enero, Febrero, Marzo, Abril, Mayo, Junio

AÑO 41 — AÑO 42 — AÑO 43 — AÑO 44 — AÑO 45

(Placa de identificación) LETT. SHUTZM—BATL.17. 445

Interesantísima fotografía en la que un grupo de letones con las más variadas uniformidades, posan para el fotógrafo. Hay muchos uniformes letones de preguerra –incluso uno de la policía letona, abajo, a la derecha–, hay también del *Heer*, y de la *Waffen SS* –con guerrera abierta y corbata, o cerrada–. Los parches de cuello de los uniformes letones de preguerra, son los típicos de aquel ejército, y en los de la *Waffen SS* los hay con las runas, y los hay negros sin runas. La mayoría de ellos lleva el distintivo de nacionalidad visible en el brazo izquierdo.

Los Regimientos de Policía Voluntaria de Letonia

El 1 de agosto de 1943, el teniente coronel Roberts Osis organizaba el denominado Regimiento de Policía Voluntaria de Letonia n° 1 (*Lettisches Freiwilligen Polizei Regiment 1 Riga*), bautizándolo con el nombre de la capital letona: Riga. Para ello empleó cuatro de los batallones de Policía existentes en aquellas fechas. El primer batallón del regimiento sería el 277° Batallón de Policía «*Sigulda*», al mando del teniente coronel Taube;

el segundo, el 278° Batallón «*Dobele*», a las órdenes del teniente coronel Kleinbergs; el tercero, el 312°W Batallón (antiguo 281°A), mandado por el capitán Mikelsons y el cuarto, el 276° Batallón «*Kuldiga*», cuyo jefe era el teniente coronel Birzulis. Este regimiento se reuniría en la frontera entre Letonia y Bielorrusia, y todos sus miembros recibirían uniformes y botas alemanas nuevas.

El teniente coronel Roberts Osis fue encargado de organizar nuevos batallones *Schuma* letones. En la imagen viste uniforme de la Policía alemana. En su manga izquierda, apenas perceptible, lleva la insignia de la policía, y en la derecha, el distintivo de nacionalidad letón. En el pecho la cinta de la Cruz de Hierro de 2ª clase. Osis llegó a mandar el 43° Regimiento de Granaderos SS de la 19ª División letona en la Bolsa de Curlandia, con el grado de *Standartenführer*.

Seis meses más tarde, en febrero de 1944, se creaban otros dos regimientos de policía: el 2° Regimiento de Policía Voluntaria de Letonia «*Liepaja*» y el 3° Regimiento de Policía Voluntaria de Letonia «*Cesis*».

El Regimiento «*Liepaja*» fue organizado por el teniente coronel Janis Grosbergs el 4 de febrero con los batallones de policía que acababan de regresar de

Rusia y Bielorrusia. Concretamente, el primer batallón sería el antiguo 22º Batallón «*Daugava*», al mando del teniente coronel Gerbers; el segundo batallón se constituiría con el antiguo 25º Batallón de Policía «*Abava*», al mando del teniente coronel Plikausis; el tercer batallón, a las órdenes del capitán Gravelis, era el antiguo 282ºA y el cuarto, al mando del capitán Eglitis, era el 280ºB.

El 3º Regimiento de Policía «*Cesis*» lo organizó en las mismas fechas que el anterior el teniente coronel Kleinbergs con tres batallones que acababan de volver a Letonia del frente. El primer batallón fue el 317ºF, a las órdenes del capitán Krummins; el segundo era el 318ºF, al mando del teniente coronel Dzenitis; y el tercero, el antiguo 321ºF del teniente coronel Penchuk.

Todos los batallones mantuvieron su nombre –los que lo tenían– y sus mandos, y dependieron operativamente del regimiento correspondiente.

Arriba. Veteranos del 2º Regimiento de Policía Voluntaria de Letonia «*Liepaja*» en la estación de Polotsk, en marzo de 1944.

Abajo. Miembro del 1º Regimiento de Policía Voluntaria de Letonia «*Riga*» con la cinta de bocamanga concedida a la unidad.

El 1º Regimiento de Policía «*Riga*»

El 20 de septiembre de 1943, unidades del regimiento cruzaban la frontera e iniciaban una operación de búsqueda y combate contra los partisanos, con el cuartel general del regimiento estacionado en Braslav. Hasta finales de octubre, el regimiento realizó funciones de vigilancia, aunque sólo tuvieron lugar algunas escaramuzas con los partisanos.

El 1 de noviembre de 1943, el 1º Regimiento de Riga participó en la operación antipartisana «*Heinrich*» en el grupo Hachtel, aunque el día 9 dicha operación se detuvo al romper el frente el Ejército Rojo. El 21 de diciembre, el teniente coronel Osis resultó herido en combate, siendo sustituido por el teniente coronel Meija.

En enero de 1944, el regimiento fue trasladado a la línea del frente en la zona de Polotsk (provincia de Vitebsk) y se integró en la 290ª División de Infantería alemana. En los combates de los últimos seis meses habían causado baja la mitad de sus 80 oficiales y más de 650 soldados de los 1625 que tenía en agosto. El 7 de marzo el regimiento cruzó la frontera de Letonia para reorganizarse y descansar. El 13 de mayo de 1944, a petición del comandante Meija, se concedió una cinta de bocamanga a los hombres del Regimiento con la inscripción «*Lett. Freiw. Pol. Regt. Rīga*» (Regimiento de Policía Voluntaria de Letonia «Riga»), y toda la unidad fue enviada a la región de Vilna para combatir a los partisanos. Curiosamente, la mayoría eran partisanos polacos, con los que se llegó a un acuerdo de no combatir, en recuerdo de la cooperación con la República polaca durante la Guerra de Independencia letona, en 1919-20

Derecha. Uno de los modelos de emblema nacional que los policías y soldados letones llevaban en el brazo de sus uniformes alemanes.

Centro. Cinta de bocamanga autorizada a los soldados letones pertenecientes al 1º Regimiento de Policía Voluntaria «*Riga*».

A mediados de julio los tres primeros batallones del regimiento fueron trasladados por ferrocarril a la estación de Grivas, mientras que el cuarto participó en la defensa de Vilna contra el ejército soviético, desangrándose en estos combates. Los otros tres batallones combatieron muy duramente en la frontera de Letonia hasta el 17 de agosto.

El 18 de agosto de 1944 se acometió una gran reorganización del regimiento, cuya dotación estaba muy mermada por las bajas sufridas en los combates contra el Ejército Rojo, integrando en sus

1º REGIMIENTO DE POLICÍA VOLUNTARIA DE LETONIA «RIGA»

Constituido en Riga el 1 de agosto de 1943 por el teniente coronel Roberts Osis.

Batallón	Batallón de origen	Creado en	Fecha
I Batallón	277º Batallón de Policía «*Sigulda*»	Riga	7-7-1942
II Batallón	278º Batallón de Policía «*Dobele*»	Bolderaja (Jurmala)	7-7-1942
III Batallón	281ºA Batallón de Policía	Daugavpils	29-7-1943
IV Batallón	279º Batallón de Policía «*Kuldiga*»	Bolderaja (Jurmala)	7-7-1942

El 15 de octubre de 1944, el Regimiento se integró en la 15ª División de la *Waffen SS* (*1.Lettisch*), como Regimiento de Granaderos de la *Waffen SS* «Riga».

STANDARTENFÜHRER ROBERTS OSIS

Nació el 18 de septiembre de 1900 en Riga, en una familia de artesanos. Participó en la Primera Guerra Mundial y en la Guerra de Independencia de Letonia. Desde 1934 fue ayudante del comandante del ejército letón, y más tarde ministro de Guerra, Krisjanis Berkis. Paralelamente a su servicio en el ejército, estudió historia en la Universidad de Letonia. En 1944 defendió su tesis doctoral sobre el sistema de fortificación de los antiguos castillos letones en el área entre la actual frontera oriental de Letonia y el río Velikaja. Al comienzo de la ocupación alemana Osis fue el ayudante del jefe del Departamento de Autodefensa de Riga, el coronel Voldemars Veiss, y más tarde, el jefe de estado mayor de las unidades de defensa de Letonia y jefe del Servicio de Seguridad de Riga. Organizó los primeros batallones de policía letones. Desde julio de 1943, fue el jefe del 1º Regimiento de Policía Voluntaria «*Riga*». Como

comandante de este regimiento resultó gravemente herido en diciembre de ese año. Desde septiembre de 1944 hasta marzo de 1945, estuvo al mando del 43º Regimiento de Granaderos (2º letón, «Imanta») de la 19ª División *Waffen SS*. Poco antes de la capitulación alemana, Osis intentó organizar el Consejo Popular de la Tierra de Curlandia y crear un Gobierno Provisional, aunque esto no fue posible. El 8 de mayo logró salir de Liepaja en una lancha rápida alemana, siendo capturado por los aliados en Alemania, donde estuvo inicialmente en un campo de prisioneros de guerra y más tarde en el campo de internamiento de Westerbur. Fue liberado en noviembre de 1945. En Alemania trabajó en el Consejo Central de Letonia y en el Consejo Nacional de Letonia. En la década de 1950, Osis se mudó al Reino Unido, afincándose en Burgeshill, donde murió el 9 de abril de 1973.

filas a los oficiales y la tropa de los regimientos 2.º «*Liepaja*» y 3.º «*Cesis*», ambos recién disueltos ese mismo mes de agosto.

El 4 de septiembre, el regimiento inició una marcha hacia Dundaga (en el norte de Curlandia), donde tuvo lugar una fase de entrenamiento que duraría hasta el 9 de octubre, fecha en la que se ordenó a la unidad desplazarse a la cercana ciudad portuaria de Ventspils. Desde el puerto de esta localidad, y después de haber entregado el armamento, el regimiento salió en barco con destino a Danzig, a donde llegó el 13 de octubre. Dos días después, el regimiento fue trasladado a Torun (Pomerania, actual Polonia), donde quedó bajo el mando de la 15.ª División de Granaderos de la *Waffen SS*. El 26 de noviembre pasó a denominarse *Waffen Grenadier Regiment der SS 1 «Riga»*.

El 2º Regimiento de Policía «*Liepaja*»

Su vida operativa es mucho más corta que la del anterior regimiento, pues sólo alcanza seis meses desde su constitución hasta su disolución e integración de sus hombres en el 1º Regimiento.

Cuando se organizó el regimiento dos de sus batallones –el 22º y el 25º– estaban en Bolderaja, a las afueras de Riga, mientras que los otros dos –el 282ºA y el 280ºB– estaban en Curlandia. A los pocos días se recibió la orden de enviar el regimiento a la frontera oriental de Letonia, para apoyar en la construcción de fortificaciones en la línea de frente y la vigilancia de carreteras. En el momento de su constitución el regimiento disponía de cerca de 3000 hombres.

Todos los hombres de los Regimientos de Policía Voluntaria de Letonia, iban a recibir uniformes y botas nuevos, de la policía alemana. En la imagen, desfilando por la capital, Riga.

El 3 de marzo, el cuartel general del regimiento estaba ubicado en la ciudad de Borkovichi (Bielorrusia), cerca del ferrocarril Daugavpils-Polotka, con los batallones distribuidos en una franja de unos 50 km de largo y 20 km de profundidad, estando el IV Batallón en la margen izquierda del río Daugava, el I Batallón al norte en la margen derecha del río, el II Batallón más al norte y en el flanco izquierdo, el III Batallón.

Los días 16 y 17 de marzo, el 2º Regimiento de Policía «*Liepaja*» participó en varias operaciones antipartisanas en Bolotniki, Serebrjanski y Kovali (Rusia). A principios de abril tuvo lugar otra operación más amplia en dirección a Osveja (Bielorrusia), con la participación de los tres regimientos de policía letones, operación que terminó a comienzos de mayo.

A principios de julio de 1944, el 2º Regimiento «*Liepaja*» recibió la orden de trasladarse a la zona de Semigalia y quedar a disposición del cuartel general operativo de la policía alemana; a su

2º REGIMIENTO DE POLICÍA VOLUNTARIA DE LETONIA «LIEPAJA»

Constituido en febrero de 1944 por el teniente coronel Janis Grosbergs.

Batallón	Batallón de origen	Creado en	Fecha
I Batallón	22º Batallón de Policía «*Daugava*»	Riga	25-2-1942
II Batallón	25º Batallón de Policía «*Abava*»	Liepaja	6-3-1942
III Batallón	282ºA Batallón de Policía	Riga	2-8-1943
IV Batallón	280ºB Batallón de Policía	Riga	2-8-1943

El 24 de agosto de 1944 el Regimiento se disolvió, integrándose sus oficiales y tropa en el 1º Regimiento de Policía Voluntaria de Letonia.

llegada, el regimiento quedó subordinado a la 22ª División de Infantería germana. El 10 de julio se recibió la orden de tomar posiciones defensivas a lo largo de la línea ferroviaria Daugavpils-Vilna para cubrir la retirada de la citada 22ª División.

En la madrugada del 10 al 11 de julio, todos los batallones del regimiento se vieron obligados a replegarse por un fuerte ataque soviético. El 24 de julio, se tomó la decisión de retirar el regimiento del frente –era realmente una retirada general–, llegando a Eglaini (al oeste de Daugavpils) la mañana del 28 de julio. El 19 de agosto de 1944 el regimiento recaló en Bulduri (al norte de Riga), donde a los pocos días, el 24 de agosto, recibió la orden de disolverse. En ese momento había 50 oficiales, 204 instructores y 602 solda-dos. La mayoría de sus hombres se integraron en el 1º Regimiento de Policía Voluntaria de Letonia «*Riga*».

El 3º Regimiento de Policía «*Cesis*»

Una vez constituido el regimiento, aunque mal armado y con carencias en la uniformidad y en las prendas de abrigo, estuvo un mes de entrenamiento. El 9 de marzo de 1944 los dos primeros batallones partieron hacia el distrito de Polotsk, donde se encon-traban el III Batallón y el 2º Regimiento de Policía «*Liepaja*». Ya en el frente, realizaron misiones antiguerrilleras.

El 6 de abril de 1944 participó en una importante acción antipartisana en el dis-trito de Osveja, que duró hasta el 9 de abril, durante la cual unidades del regimiento se enfrentaron con importantes fuerzas ene-migas. El 11 de abril, el regimiento marchó hacia la estación de Borkovichi para viajar en tren a las afueras de Polotsk, (ambas en Bielorrusia) donde nuevamente participó en una operación antipartisana más amplia llamada «*Frühlingsfest*», en la que tomaron parte hasta mediados de mayo alrededor de 30 batallones.

A principios de junio, varias unidades del regimiento se trasladaron al distrito de Sebezh (localidad rusa, casi en la frontera con Letonia). El 26 de junio se ordenó a un batallón del regimiento que tomara posi-ciones defensivas cerca de uno de los lagos de la zona y luchara contra las unidades

Portada de la revista le-tona «Laikmets», de infor-mación general. Muchos de los miembros de los batallones *Schuma* –re-convertidos en batallones de policía– vestían los uni-formes y cascos del ejér-cito letón de anteguerra, con sus mismas divisas de cuello. Cuando se consti-tuyeron los regimientos de policía, la uniformidad de los mismos se adaptó a la de las unidades de policía alemana.

3º REGIMIENTO DE POLICÍA VOLUNTARIA DE LETONIA «CESIS»

Constituido en febrero de 1944 por el teniente coronel Kleinbergs.

Batallón	Batallón de origen	Creado en	Fecha
I Batallón	317ºF Batallón de Policía	Bolderaja (Jurmala)	18-10-1943
II Batallón	318ºF Batallón de Policía	Bolderaja (Jurmala)	25-10-1943
III Batallón	321ºF Batallón de Policía	Daugavpils	22-12-1943

El 19 de agosto de 1944 el Regimiento se disolvió, integrándose sus oficiales y tropa en el 1º Regimiento de Policía Voluntaria de Letonia.

«¡Al sur! Defendamos la patria. ¡Nación y familia contra el bolchevismo!» Con la inequívoca figura de un soldado alemán y una de las torres más famosas de Riga, la de la iglesia de San Pedro, se llamaba a la resistencia contra los soviéticos, que avanzaban desde el sur y el este sobre la capital letona.

enemigas –incluyendo algunas acorazadas– que atravesaron el frente, a pesar de que el batallón no disponía de armas antitanque. Después del enfrentamiento con el enemigo, el regimiento comenzó el repliegue hacia el territorio de Letonia, y continuó combatiendo hasta el 24 de julio, fecha en la que se decidió retirar el regimiento del frente.

A principios de julio, el capitán Upelnieks visitó las unidades del regimiento requisando las armas no utilizadas para entregarlas a una unidad letona de unos 2000 hombres, que había entrenado el *Abwehr* para actuar en la retaguardia del Ejército Rojo, que había ya sobrepasado las fronteras de Letonia. Como esta unidad, de la que hablaremos más adelante, la mandaba el general Kurelis, fue conocida como los «kurelianos».

La noche del 19 de agosto, el regimiento llegó a Bulduri (un barrio de Jurmala, al noroeste de Riga), donde pocos días después, el 24 de agosto, recibió orden de disolución y de entrega de armamento. El oficial encargado de las armas del regimiento, capitán Kimenis, no pudo justificar la ausencia del armamento entregado a los «kurelianos», quienes al final no se habían quedado en la retaguardia soviética, sino que se habían desplazado a Curlandia. Kimenis, desesperado por la situación, se pegó un tiro en las dunas de Jurmala.

Procedentes de este regimiento, se integraron en el 1º Regimiento de Policía Voluntaria de Letonia *«Riga»*, 17 oficiales, 149 instructores y 528 soldados.

El 2º Regimiento de Policía «*Kurzeme*» (reconstituido)

Arriba. Tres policías letones con uniformidad diversa. El de la derecha, con uniforme alemán, es un sanitario, y el de la izquierda, viste uniforme letón de preguerra.

Página siguiente. Portada de la revista letona «Laikmets», de información general, fechada en agosto de 1943, en la misma época que el teniente coronel Roberts Osis organizaba el 1º Regimiento de Policía Voluntaria de Letonia. La leyenda dice: «El frente es duro como una roca. ¡Tú también tienes un lugar!»

A mediados de septiembre de 1944, poco más de un mes después de su disolución, el 2º Regimiento de Policía fue reconstituido con el nombre de 2º Regimiento de Policía Voluntaria de Letonia «*Kurzeme*», a las órdenes del teniente coronel Nicolajs Rusmanis. La mayoría de los integrantes de este nuevo regimiento eran fuerzas de policía locales y miembros de la «Aizsargi», milicia letona formada después de la independencia del país.

El 21 de septiembre salió de Riga hacia el lugar de entrenamiento, cerca de Dundaga (en Curlandia), donde ya estaba estacionado el 1º Regimiento de Policía «*Riga*». Cuando se supo que el regimiento iba a ser enviado a Alemania, muchos de sus miembros desertaron. A mediados de octubre unos 2500 hombres del «*Kurzeme*» llegaron a Ventspils donde embarcaron con destino a Danzig tras ser desarmados. Desde Danzig, el regimiento fue enviado a Torun (Pomerania, actual Polonia), donde, junto con el 1º Regimiento «*Riga*» trabajaron en la construcción de fortificaciones.

Desde el 15 de octubre, el regimiento estuvo integrado en la 15ª División de Granaderos las Waffen SS, y el 26 de noviembre pasó a denominarse *Waffen Grenadier Regiment der SS 2 «Kurland»*.

UNIFORMIDAD DE LOS BATALLONES «SCHUMA» Y DE POLICÍA

Policía letón de la reserva pasiva (Categoría C).

crear en Letonia la Policía Auxiliar *(Ordnungs-Hilfspolizei)*, fuerzas que vestían uniformes de la policía letona. *El término Schutzmannschaft* —abreviadamente, *Schuma*— haría referencia desde noviembre de 1941 a los policías letones auxiliares que servían en Ucrania, Bielorrusia, Rusia y en los estados bálticos ocupados por el Reich. Heinrich Himmler organizó las unidades *Schutzmannschaft* el 4 de noviembre de 1941, subordinándolas a la *Ordnungspolizei*. A finales del año 1941, cerca de 45 000 hombres prestaban servicio en unidades *Schutzmannschaft*. En el transcurso de 1942 estas unidades se expandieron, llegando a contar con unos 300 000 hombres. En todas las zonas ocupadas, la policía local superó con creces al personal alemán, en la mayoría de los lugares en una proporción de 10 a 1. Los *Schutzmannschaft-Bataillonen* se crearon para garantizar la seguridad en los territorios ocupados, en particular combatiendo a las fuerzas partisanas, particularmente importantes en

Los primeros días de la ocupación alemana se formó una milicia de seguridad en Riga y las principales ciudades del país, cuyos miembros portaban uniforme de la policía letona –e incluso algunos iban de paisano– llevando unos brazaletes que los identificaban, en alemán y letón, como fuerzas auxiliares de seguridad. A finales de julio de 1941 el *SS Brigadeführer* Stahlecker ordenó

Policía Auxiliar letón.

Arriba y abajo. Policías letones de un batallón *Schuma*.

inicialmente, los miembros de los batallones de seguridad y de la policía auxiliar llevaron uniformes del Ejército y la policía anteriores a la guerra. Más tarde, y poco a poco, se les fue entregando el uniforme de la policía alemana, que se diferenciaba del uniforme del *Heer* por su tela de color más oscuro y sus cuellos y puños marrones y vivos verdes, convirtiéndose en el estándar de las unidades de Policía, aunque siempre convivieron en dichos uniformes alemanes, elementos nacionales de los letones, bien su escudo nacional (Sol naciente y tres luceros, normalmente en el gorro), bien condecoraciones letonas de la época de entreguerras, y habitualmente el escudo con los colores nacionales letones cosido en alguna de las mangas de la guerrera, a diferentes alturas de la misma.

Bielorrusia y Ucrania. Hubo 21 batallones *Schuma* estonios, 47 letones, 26 lituanos, 11 bielorrusos, ocho tártaros y 71 ucranianos. Los *Schuma Bataillonen* tenían una fuerza aproximada de alrededor de 500 hombres cada uno. En Letonia,

Guerrera del uniforme y emblema de brazo de las unidades de policía alemana.

LOS REGIMIENTOS DE GUARDIA DE FRONTERAS

A principios de 1944, la ofensiva que llevó a cabo el Ejército Rojo en el sector de Leningrado-Vóljov, hizo recapacitar al mando alemán sobre la conveniencia de acelerar las negociaciones con el órgano de autogobierno letón, sobre el reclutamiento forzoso en el territorio para intentar paliar la crítica situación en el frente.

De esta manera, el general Dankers –jefe del autogobierno– y el jefe del distrito general de Letonia, el comisario general Otto Heinrich Drechsler, llegaron al acuerdo de reconocer oficialmente el autogobierno letón si Dankers decretaba el reclutamiento obligarorio para todos los varones letones nacidos entre 1906 y 1914. En principio, el compromiso alemán era emplear a los 20 000 conscriptos que se esperaba reclutar, en las tareas de guardia de fronteras.

En marzo de 1944 se habían formado seis regimientos –los tres primeros en Riga, uno en Tukums, otro en Kuldiga y el sexto en varias localidades de Curlandia–, aunque éstos adolecían de falta de oficiales, y los que había, llevaban mucho tiempo retirados del servicio. También había escasez de alimentos, ropa, zapatos, armas y municiones. Los efectivos humanos de estos seis regimientos alcanzarían los 15 000 hombres. Entre marzo y abril, casi 4000 soldados de los Regimientos 1 y 2 se enviaron como refuerzo al VI Cuerpo de Ejército SS letón – formado por las divisiones 15ª y 19ª que luego estudiaremos–, siendo disuelto el 1º Regimiento en julio de ese mismo año.

A pesar de las limitaciones de los conscriptos y de las condiciones materiales, cinco de estos regimientos participaron en combates directos en junio, julio y agosto de 1944, sufriendo grandes pérdidas. En agosto, el 5º Regimiento participó en la

Gustav Krukenberg, como jefe de estado mayor del VI Cuerpo de Ejército SS letón, organizó en Riga en agosto de 1944, un *Kampfgrupe* con todas las unidades disponibles, para la defensa de la capital letona. Oficial de artillería alemán en la Primera Guerra Mundial, tras el conflicto desarrolló su vida en el mundo empresarial y diplomático. En 1932 se uniría al NSDAP, trabajando como director de una empresa química en Berlín. En 1939 fue movilizado sirviendo en varios estados mayores. En 1943 solicitó su pase a la Waffen SS, ascendiendo rápidamente. En febrero de 1945 fue nombrado comandante de la División *Charlemagne*, de las SS francesas, participando en la defensa de Berlín. En 1956 fue puesto en libertad, muriendo en su domicilio, en octubre de 1980,

REGIMIENTOS DE GUARDIA DE FRONTERAS DE LETONIA

Regimiento	Comandante	Fecha disolución	Agregado a /transformado en
Grenzschutz Reg.1[1] *Staf*. Alberts Liepins		15-7-1944	19ª División SS
Grenzschutz Reg.2[2] *Ostubaf*. Rudolfs Ciemins		Diciembre-1944	106º Regimiento Granaderos SS
Grenzschutz Reg.3[3] *Staf*. Aleksandrs Brenkins[4]		Diciembre-1944	15ª y 19ª Divisiones SS
Grenzschutz Reg.4[5] *Ostubaf*. Julijs Kikulis		17-8-1944	*Grenzschutz Reg.5*
Grenzschutz Reg.5[6] *Ostubaf*. Janis Zvaigzne		Diciembre-1944	106º Regimiento Granaderos SS
Grenzschutz Reg.6[7] *Staf*. Teodors Brigge		Agosto-1944	*Grenzschutz Reg.2*

1.- En abril se enviaron los oficiales más jóvenes y unos 2000 soldados e instructores a la 19ª División SS. Sólo quedó en el regimiento el I Batallón, con 700 hombres y 30 oficiales. En julio, tras nuevas transferencias, sólo quedaban 14 oficiales ancianos y 40 soldados no aptos para el frente, ordenándose su disolución.

2.- A finales de marzo se enviaron 2000 soldados a la 15ª División SS. Participó en intensas batallas defensivas en julio, en Lituania, junto al 2º Regimiento de Policía Voluntaria «Liepaja». En agosto fue reformado con sólo tres batallones, incorporando personal del *Grenzschutz Reg. 6*. En septiembre combatió en más batallas defensivas en territorio letón y en octubre participó en la 1ª Batalla de la Bolsa de Curlandia. En diciembre, con el *Grenzschutz Reg. 5*, se transformó en el 106º Regimiento de Granaderos SS, integrado en la 19ª División.

3.- El regimiento salió al frente los primeros días de abril de 1944, siendo entrenado por oficiales alemanes. A finales de ese mes entregó 800 hombres al 640º Regimiento de Granaderos alemán, que se entrenaron y combatieron en Lituania en junio. En julio quedó bajo el mando de la 15ª División y combatió integrado en ella. Parte de sus efectivos pasaron a la 19ª División y el resto fueron a Alemania con la 15ª División.,

4.- El 22 de febrero fue nombrado comandante el Obersturmbannführer Paulis Celle.

5.- Partió al frente a finales de junio. Participó en las batallas en la región de Daugavpils (sureste de Letonia) con muchísimas bajas y deserciones ante el enemigo. El 17 de agosto, fue integrado en el *Grenzschutz Reg. 5*.

6.- En abril fue enviado a la antigua frontera polaco-rusa a combatir contra los partisanos, aunque en los meses siguientes se desplazaría hasta Vitebsk. A partir del 4 de julio comenzó la retirada del regimiento ante la ofensiva soviética, sufriendo graves pérdidas. Participó en la defensa de Riga integrado en el *Kampfgruppe* «Krukenberg». El 28 de agosto de 1944 el regimiento quedó al mando del VI Cuerpo de Ejército SS y se retiró a Curlandia. A mediados de noviembre se fusionó con el *Grenzschutz Reg. 2* para formar el 106º Regimiento de Granaderos SS.

7.- El 10 de julio fue enviado al frente, en la región de Daugavpils, subordinando sus batallones a varias unidades alemanas. Siguió combatiendo en retirada todo el mes, siendo asignado en agosto a la 205ª División de Infantería alemana. Tras su llegada a Riga en el mismo mes de agosto, sus soldados fueron transferidos al *Grenzschutz Reg. 2* y los oficiales pasaron a la Inspección General letona, disolviéndose la unidad.

defensa de Riga integrado en el «*Kampfgruppe Krukenberg*». Los regimientos de la guardia fronteriza también se utilizaron como unidades complementarias en el frente.

En agosto de 1944 se disolvieron otros dos de los *Grenzschuzt Regiment* letones, el 4º y el 6º –muy castigados en los combates de julio en la región de Daugavpils–, pasando sus hombres a los regimientos 5º y 2º, respectivamente. A finales de noviembre de 1944 estos dos ultimos regimientos de Guardia de Fronteras se unificarían, constituyendo el 106º Regimiento de Granaderos SS, a disposición del VI Cuerpo de Ejército. En octubre de 1944, el 3º Regimiento había repartido sus efectivos entre la 15ª y la 19ª divisiones letonas.

Regimientos de Policía Voluntaria de Letonia

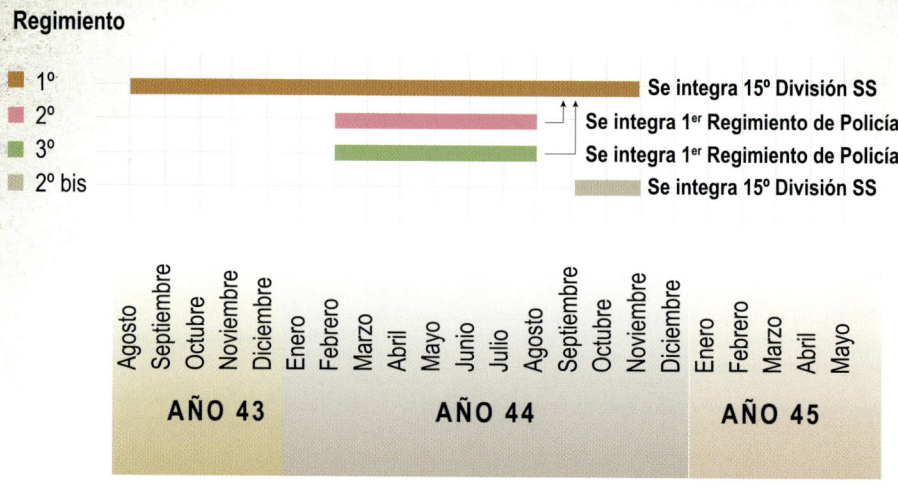

Regimientos de Guardia de Fronteras (Grenzschutz Reg.)

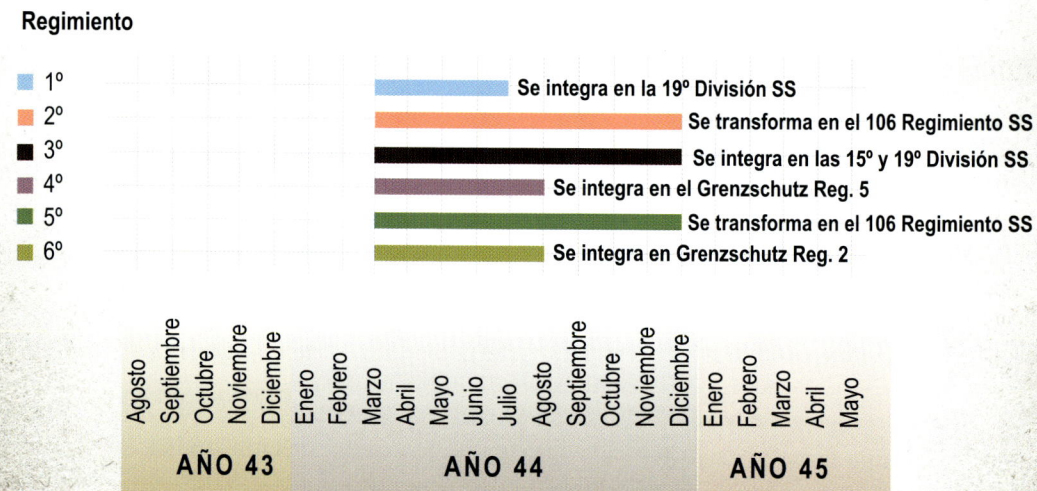

Nace la «Legión Letona»

El general inspector de la Legión Letona, Rudolfs Bangerskis visita una unidad de cañones de infantería asignada a la 15ª División de Granaderos *Waffen SS* (1ª letona). Verano de 1944.

En el otoño de 1942 Alemania, el país ocupante de Letonia desde el verano del año anterior, comenzó a manifestar ciertas debilidades en el plano militar, agravadas en el invierno con la rendición en Stalingrado del VI Ejército del mariscal Paulus frente al Ejército Rojo. Las enormes distancias entre las bases logísticas y los frentes, el agotamiento del personal y del material, la entrada en el conflicto de los Estados Unidos de América y otros muchos factores económicos, políticos y militares, llevaron al ejército alemán a un callejón sin salida.

Los planteamientos del gobierno *in pectore* de Letonia, frente a las autoridades de ocupación alemanas fueron claros: reconocimiento de la República letona como un estado independiente colaborador con Alemania en su lucha contra el bolchevismo soviético –similar a otros estados como Eslovaquia o Croacia–, que traería aparejado un reclutamiento para su ejército nacional, que lucharía codo con codo con la *Wehrmacht* contra Stalin. Un ejército que debería estar al mando de generales letones y servir a los intereses territoriales letones.

A principios de 1943 muchos letones se sentían decepcionados porque los alemanes eran remisos a conceder la independencia y, además, los que querían luchar contra los comunistas tenían que hacerlo en batallones de policía, algo que a muchos no les satisfacía.

El general retirado Rufolfs Bangerskis, que había ejercido en dos ocasiones como ministro de la Guerra de la Letonia independiente, se iba a convertir en una de las personalidades más importantes en el contexto de las unidades letonas y su lucha contra la Unión Soviética en la Segunda Guerra Mundial.

En su obra autobiográfica «Recuerdos de mi vida», afirma lo siguiente sobre los batallones de policía:

Escuché que los soldados estaban muy enojados porque en lugar de uniformes del ejército letón los vestían con uniformes de policía y los obligaban a llamarse «Schucmans» (Sic) y no soldados; que deberían realizar tareas no militares lejos de las fronteras de Letonia; que sus unidades están demasiado mal abastecidas y mal armadas. El descontento ya había comenzado a manifestarse exteriormente y las consecuencias fueron severos castigos por parte de Alemania

Para intentar modificar la situación, Bangerskis afirma que la mejor solución parecía ser la creación de una unidad letona con liderazgo letón, que incluyera a todos los batallones de policía.

Esto no disgustó a los alemanes, que querían que se formara la unidad, aunque eran reacios a que los comandantes de los regimientos y de las unidades de mayor entidad fueran letones. Pese a ello, el autogobierno buscó militares letones competentes y los presentó a los alemanes.

El 17 de febrero de 1943, el director general de Justicia del autogobierno, Alfreds Valdmanis, invitó a Bangerskis a su oficina para expresarle la idea de establecer una «Legión Letona» y que él debía mandar la unidad, por su experiencia y su valía como militar. A Bangerskis le sorprendió tal propuesta, porque no hablaba alemán, y además le dijo a Valdmanis que ya tenía 65 años y que probablemente había oficiales letones más jóvenes y más capacitados. Pero lo cierto fue que Bangerskis iba a ser confirmado pocas fechas después, como comandante de la «Legión», con el coronel Arturs Silgailis, como 2º jefe de la nueva unidad.

Arriba. El general Rudolfs Bangerskis con uniforme del Ejército de Letonia de preguerra. Luce varias condecoraciones rusas, letonas y estonias.

Abajo. El director general de Justicia del autogobierno, Alfreds Valdmanis.

Años más tarde, después de la guerra, recordando el terrible año de Letonia como república soviética y la «marea roja» que se acercaba desde el Este en 1943, afirmó sobre este momento:

¿Podía quedarme al margen, como espectador, como patriota y como viejo soldado, sin intentarlo? ¿Debía hacer algo para tratar de prevenir los peligros que amenazaban a la patria? ¿O no era personalmente mi deber como soldado luchar y morir en el frente con un arma en la mano en lugar de sucumbir cobardemente a una bala chekista?

Después de la reunión con Valdmanis, Bangerskis tuvo una conversación con el director general del autogobierno, el también general letón Oskars Dankers, donde aceptó la invitación y confirmó que sería el comandante de la futura «Legión Letona».

Nadie sabía a ciencia cierta lo que iba a ser dicha «Legión»: ¿Sería un regimiento?, ¿Una división, o un cuerpo de ejército? ¿Estaría realmente al mando de oficiales letones? ¿Sería el gérmen del renovado ejército letón? Pese a que nadie pudo responder a estas preguntas en los primeros días de vida de la unidad, estaba claro que lucharía por Letonia y que el año horrible sufrido bajo la bota de los soviets entre 1940 y 1941, no se repetiría tan fácilmente.

A principios de marzo de 1943, Bangerskis se reunió con el *Brigadeführer* Peter Hansen, que había sido enviado a Letonia para

BRIGADEFÜHRER PETER HANSEN

Nació en Santiago de Chile en 1896, de padre alemán y madre italiana. Combatió en la Primera Guerra Mundial como voluntario y al ser de nacionalidad chilena no se le envió al frente hasta 1916. Al finalizar el conflicto regresó a Chile al ser desmovilizado. Tras la llegada de Hitler al poder regresó a Alemania y se afilió al NSDAP y a las SS, alcanzando el empleo de *Standartenführer* (coronel) en 1939. En 1940 pasó a la *Waffen SS*, siendo uno de los primeros no europeos en hacerlo. En 1943 participó en la batalla de Kursk, y luego en la organización de la «Legión Letona», siendo el primer comandante de la 15ª División SS (*1.Lettische*). Tras la creacción de la República de Saló, en Italia, fue el encargado de organizar la 29ª División de la *Waffen SS*, formada por italianos, y de la que fue nombrado comandante, junto al italiano Pietro Manelli. Participó en todos los combates de la división vistiendo el uniforme italiano, pues la 29º División fue la única de las SS que tuvo un uniforme diferente al germano. En julio de 1944, tras la retirada alemana a la línea gótica Hansen volvió a mandar unidades alemanas de las *Waffen SS*, al principio la artillería del *III Panzerkorps* y después, la jefatura de estado mayor del *XVIII SS Armeekorps*, con Paul Hauser como jefe. Tras el final del conflicto no pudo regresar a Chile, permaneciendo en Alemania hasta su muerte, en 1967.

la organización de la «Legión Letona». En esa reunión Bangerskis enfatizó que la «Legión» debería formarse en Letonia, no en Alemania, como planeaba el mando alemán, pues el pueblo letón ni lo aceptaría ni lo entendería y le parecería una unidad más lejana a sus emociones e intereses. Hansen aseguró que considerarían la propuesta.

Un cartel en el que se pone de manifiesto el hecho de que mientras muchos cotillean sobre lo mal que va todo, otros, en este caso los «legionarios letones», luchan en el frente.

La mañana del 20 de marzo de 1943, el general Dankers llamó a Bangerskis y lo invitó a desayunar con el general alemán Hansen. Mientras se servía el desayuno, varios oficiales alemanes entraron en la habitación y le entregaron algunos papeles a Hansen. Sin dudarlo, el general teutón se puso de pie y anunció la orden de nombrar a Bangerskis comandante de la primera división letona. A esto siguió el juramento de Bangerskis y un intercambio de saludos con los presentes. Bangerskis se convertiría no sólo en el comandante de la «Legión Letona», sino también en el comandante de la primera división letona.

Hansen propuso realizar una campaña de propaganda de la unidad, aunque Bangerskis pidió cautela, prometiendo dedicarse a los asuntos de la nueva «Legión» con todas sus fuerzas. Ese mismo día, cuando Bangerskis volvía a su domicilio se encontró con el general Peters Skrapce, jefe de intendencia del ejército durante la Guerra de Independencia de Letonia, quien le dijo:

¡Mis felicitaciones al nuevo comandante de la división! Es bueno sentirse joven y fuerte como tú, pero ¿crees realmente que vas a mandar esa división? Si es así, es que todavía no conoces a los alemanes. Nunca te confiarán una unidad de mando de tropas.

Curiosamente, no pasaría mucho tiempo desde que lo dicho por Skrapze se hiciera realidad.

A pesar de que Bangerskis ocupaba una posición de gran responsabilidad, pasó los siguientes años en segundo plano. Cuenta en sus memorias que un día vio una gran concentración de jóvenes reclutas en un almacén del acuartelamiento de Riga. Como no sabía que hacían allí, preguntó, y le dijeron que estaban ensayando para

Arriba. En la plaza de la catedral de Riga, se celebró una parada militar con el juramento solemne de los primeros 1000 voluntarios de la «Legión Letona».

Abajo. Orden firmada por Hitler, en la que se permite la constitución de la Legión de Voluntarios Letones: la «Legión Letona».

un desfile solemne del que él, como líder de la «Legión Letona», no tenía conocimiento. Resultó que un par de días más tarde estaba prevista una parada militar en la Plaza de la Catedral, donde se celebraría el juramento solemne, una formación con discursos y un desfile, en el que participarían los primeros 1000 legionarios letones.

Poco después Bangerskis también recibió una invitación para la celebración, con la petición de que pronunciara un discurso. En ese momento, al general letón le asaltaron serias dudas de que el puesto de comandante-jefe de la división letona fuera para él.

El día del desfile llegó, y en su discurso, Bangerskis enfatizó que si hasta aquel momento los letones habían sido testigos y sufridores de la época que les había tocado vivir, a partir de entonces iban a participar, con un papel protagonista, de todos los acontecimientos que iban a tener lugar. Les dijo que el uniforme aún no los convertía en guerreros, pues deberían pasar por una difícil fase de aprendizaje, y que como el primer envite de la batalla contra los bolcheviques lo había ganado el ejército alemán, los letones debían unirse a él para poder ganar su libertad. Concluyó su discurso con la oración y el himno del pueblo letón: «Dios, bendiga a Letonia». El público presente en la plaza recibió con gran entusiasmo tanto el discurso como el himno de Letonia.

Pocos días después de los actos que acabamos de comentar, el mando alemán sorprendió a los letones con la noticia de que aquellos

ADOLF HITLER

Führer-Hauptquartier, 10.2.1943

Ich befehle die Aufstellung einer Lettischen ⚡-Freiwilligen-Legion.

Größe und Art des Verbandes richten sich nach der Zahl der zur Verfügung stehenden lettischen Männer.⚡

GRUPPENFÜHRER RUDOLFS BANGERSKIS

Nació en 1878 en Li-cakrogi, parroquia de Taurupe. En 1895 ingresó en el ejército ruso, en el batallón de entrenamiento de suboficiales, en Riga. En 1899 entró en la Escuela de oficiales de San Petersburgo, donde se graduó en 1901 como segundo teniente. En 1901 fue ascendido a subteniente y entre 1904 y 1905 participó en la Guerra Ruso-Japonesa como jefe de compañía del 36º Regimiento de Infantería. En 1905 fue ascendido a teniente y en 1910

la Guerra en dos períodos: 1924-1925 y 1926-1928. En julio de 1928 se le dio el mando de la 3ª División de Infantería «Latgale», ocupando este cargo hasta agosto de 1930. En octubre de ese mismo año fue nombrado director de la Escuela Militar y de 1933 a 1936 estuvo al mando de la 4.ª División de Infantería «Zemgale». Por llegar a la edad máxima de servicio, en 1936 pasó a la situación de retiro en el Ejército letón. En 1940 vivía en su granja,

a capitán, ingresando en 1912 en la Academia de Estado Mayor. Al comienzo de la Primera Guerra Mundial, regresó al 36º Regimiento de Infantería, y después ejerció funciones de oficial de estado mayor en el 4º y el 31º Ejército. Desde agosto de 1915 estuvo al mando de unidades de Fusileros Letones –batallón y regimiento–. Tras la firma del Tratado de Paz de Brest-Litovsk, en marzo de 1918, el coronel Bangerskis fue retirado del servicio. Cuando empezó la Guerra Civil Rusa –a mediados de 1918–, se unió al ejército blanco siberiano en Ekaterimburgo, dirigiendo el estado mayor de la 2ª División de Fusileros de los Montes Urales, y luego mandando dicha división. En febrero de 1919 Bangerskis ascendía a general de división en el ejército de Kolchak. Durante la retirada de octubre de 1919 fue nombrado comandante del 2º Cuerpo de Fusileros de Ufá y más tarde comandante del Grupo de Ejércitos de Ufá, ascendiendo a teniente general en agosto de 1920. Después de la derrota del ejército siberiano, en diciembre de 1920, se retiró del servicio y vivió en China hasta 1921, año en que regresó a Letonia. A principios de 1924 comenzó a servir en las Fuerzas Armadas de Letonia, mandando la 1ª División de Infantería «Kurzeme» y ejerciendo el cargo de ministro de

no viéndose afectado por la represión soviética. Durante la ocupación alemana trabajó en la Dirección General de Justicia del Autogobierno de Letonia (1942-1943), y del 10 de abril de 1943 al 20 de mayo de 1945, ejerció como Inspector General de la «Legión Letona», con el grado de SS Gruppenführer (general de división). En dicho puesto no mandó tropas ni gestionó directamente las unidades, sin embargo, hizo todo lo que estuvo en sus manos para ayudar y defender a los letones en los momentos difíciles. El 20 de febrero de 1945 fue nombrado presidente del Comité Nacional Letón en Potsdam. El 29 de abril, Bangerskis emitió una orden que liberaba de sus obligaciones a todos los soldados letones que luchaban en territorio alemán. El 20 de mayo de 1945, fue internado por las autoridades de ocupación británicas. Después de su liberación, a finales de 1946, Bangerskis vivió en el campo de refugiados de Oldenburg y participó activamente en la organización Daugava Vanagi. El 25 de febrero de 1958 fue atropellado por un coche, muriendo a causa de las heridas sufridas. Fue enterrado en Alemania, pero el 16 de marzo de 1995, sus restos fueron llevados al cementerio de los Hermanos, siendo enterrado en el Memorial de los Legionarios.

Arriba. El *SS Gruppen-führer* Rudolf Bangerskis y a su lado, el *Standarten-führer* letón Arturs Silgailis, su segundo en la Inspección General en los primeros tiempos.

Abajo. Un campamento de la «Legión Letona». A la entrada, una pancarta en la que se puede leer el lema: «*Kur Legions-tur ir Latvija*» (Donde está la Legión, allí está Letonia)

primeros 1000 legionarios estaban en la estación e iban a ser enviados al frente. Estaba claro que el general Skrapce había acertado y los alemanes iban a decidir todo, con lo que el papel de Bangerskis como comandante de división sería nulo. Un jefe de división que no sabía cuáles eran sus fuerzas, a dónde las enviaban y cómo las iban a abastecer.

Bangerskis decidió ir a la estación a despedirlos, e intentó salvar la situación y tranquilizar a sus familias, afirmando en su discurso que los jóvenes letones entrarían en combate después de un buen entrenamiento, prometiendo visitar el frente él mismo, pasados 10 días. La angustia por la precipitación parece que se atenuó. Bangerskis afirma en sus memorias que una acción tan apresurada fue originada, probablemente, por el general de las SS Friedrich Jekeln, un arribista nazi –según el general letón– que, tal vez, quería torpedear la carrera del general Hansen, para formar y dirigir él mismo la «Legión Letona». Bangerskis expresó su protesta ante los funcionarios alemanes en Letonia.

A pesar de la tensa situación, Bangerskis permanecería en la Legión y visitaría a los legionarios, aunque ya no como comandante de la división, sino como inspector general, aspecto que fue notificado al general letón por Jekeln, como si hubiera sido un malentendido. Bangerskis aceptó convertirse en inspector general y mencionó en sus Memorias:

De todo lo que vi y escuché, llegué a la conclusión de que había asumido una carga pesada, que me esperaban muchas sorpresas y dificultades y, probablemente, la cooperación leal no sería posible. En lugar de cooperación, habría una lucha constante en la que yo, y por tanto nuestra causa, casi siempre sufriremos pérdidas. Pero si fuera posible hacer algo por nuestros combatientes y nuestra causa en otro lugar, también valdría la pena la lucha desigual y las pérdidas personales.

En aquél momento, Bangerskis tenía claro que los puestos más altos del escalafón en las unidades letonas serían ocupados por alemanes, aunque sabía que formar una «Legión» sin liderazgo letón, transferir apresuradamente reclutas al sector del frente sin el apoyo del pueblo, como se dio el caso, no era lo mejor que se podía hacer desde una perspectiva moral. Sin embargo, esto no disminuyó el espíritu de lucha de los letones.

LA INSPECCIÓN GENERAL DE LA «LEGION LETONA»

En abril de 1943, cuando ya Bangerskis fue consciente de que su papel no sería determinante en el mando de las unidades letonas en formación, asumió con elegancia y resignación el único mando que le dieron los alemanes: la Inspección General de la «Legión Letona», término que designó, además de una efímera unidad concreta, a todas las unidades de esta nacionalidad formadas para luchar contra los comunistas

entre 1941 y 1945. Bangerskis fue nombrado SS *Grupenführer* y se le asignaron las siguientes funciones: enlace con el mando alemán para todo lo relativo a los combatientes letones, supervisión e inspección de las unidades, asistencia social, médica y cultural de los combatientes, traducción de reglamentos, órdenes, etc... A partir de noviembre de 1943, la Inspección tomó también entre sus competencias el reclutamiento de personal letón. La Inspección General ejercería sus funciones sobre los batallones *Schuma*–batallones de Policía, los regimientos de Policía, divisiones *Waffen SS*, regimientos de Guardia de Fronteras y batallones y regimientos de Construcciones.

En cuanto a reclutamiento, hasta febrero de 1943 era voluntario servir en los diferentes batallones *Schuma* creados en diferentes lugares de Letonia. Desde esa fecha, se estableció en Riga el llamado *SS Ersatzkommando «Ostland»*, para el reclutamiento de las unidades SS letonas. En esas mismas fechas, el autogobierno letón empezaba a reclutar obligatoriamente a los jóvenes nacidos

entre 1919 y 1924, que podían escoger uno de los siguientes cuatro destinos: la *Wehrmacht,* como auxiliares, unidades de policía letonas, unidades SS letonas o unidades del Servicio del Trabajo. En noviembre se amplió el reclutamiento a varones nacidos entre 1915 y 1925, sirviendo a partir de entonces en unidades exclusivamente militares, asumiendo la Inspección General las funciones del Ministerio de la Guerra. Fue en aquellos días cuando se creó en la Inspección un tribunal para perseguir a los prófugos. A partir del mes de enero de 1944 se empezó a reclutar personal para constituir seis regimientos de Guardia de Fronteras y defender los límites territoriales del país. La asistencia social a los legionarios fue labor permanente de la Inspección, editando periódicos y revistas, realizando colectas para los legionarios, levantando centros de reposo, actividades culturales y recreativas, y atendiendo a heridos y enfermos en un hospital en Riga. La inspección organizaría también un servicio estadístico para saber en todo momento la aportación de combatientes a la lucha contra los soviéticos.

La «Legión Letona»: una unidad con vocación de ejercito nacional anticomunista

En este momento de la narración hay que tener presente que, pese a que no se llegó a formar un ejército nacional ni se llegó a restaurar una Letonia independiente, entre los años 1943 y 1945 se organizaron importantes unidades militares letonas, integradas, eso sí, en la estructura militar de los ocupantes alemanes, y que demostraron en el campo de batalla, su motivación, su valor y su energía, siempre soñando con el día en que, otra vez, su Patria fuera independiente.

Los legionarios letones lucharon valientemente desde los pantanos del Vóljov hasta Alemania Occidental. La fortaleza de Curlandia no fue tomada por los soviéticos, y el comandante del VI Cuerpo de Ejército SS afirmó que la mejor división de la Bolsa era la 19ª letona.

Un póster en el que se recogen varias imágenes de legionarios letones y unos textos de su general, Rudolfs Bangerskis, dirigidos a ellos.

La lucha contra los soviéticos, que no se produjo en 1940 por mandato del presidente Karlis Ulmanis, tuvo lugar pocos años después por parte de la «Legión Letona».

Como hemos visto en este capítulo y en los anteriores, los letones, que empezaron siendo fuerzas auxiliares en labores de orden y policía, terminaron el año 1942 combatiendo en numerosos lugares de la geografía rusa, bielorrusa y ucraniana, bien contra las fuerzas partisanas, bien contra el Ejército Rojo. Y el punto de inflexión, llegaría a comienzos de 1943, con la formación de unidades verdaderamente militares, constituidas con algunos de los batallones de policía formados hasta aquellas fechas.

Para hacer la narración más ágil, en el siguiente capítulo seguiremos los pasos de la primera unidad letona formada en el seno de la *Waffen SS* –la Brigada letona– y continuaremos con su sucesora –la 19ª División SS–, dejando para un capítulo posterior el estudio de la otra división letona –la 15ª SS –, teniendo en cuenta, eso sí, que algunas de las peripecias en el frente de ambas unidades fueron coetáneas. También veremos, más adelante, otras unidades letonas formadas en el seno de la *Luftwaffe*, la *Wehrmacht* o, incluso, el Servicio del Trabajo (RAD).

LEGIÓN DE VOLUNTARIOS SS DE LETONIA.

LA BRIGADA SS LETONA

E l 23 de enero de 1943, tras las explicaciones de Heinrich Himmler al respecto, Hitler permitió al *Reichsführer* de las SS crear una legión de voluntarios con combatientes leto-nes. El 24 de enero, tras regresar de una visita al Frente Oriental, Himmler envió un radiograma a la 2ª Brigada SS, ordenando la re-forma de la misma y la integración de los batallones de seguridad letones 19º y 21º (denominados *Schutzmannschaft Bataillon –Schuma–*) siendo estas dos unidades las primeras que constituyeron la Legión de Voluntarios de las SS de Letonia.

Varios suboficiales leto-nes son condecorados en el frente con la Cruz de Hierro de 2ª Clase, por el teniente coronel (*Obersturmbannführer– Ostuf–*) Voldemars Veiss.

Ambos batallones fueron retirados de la línea de combate a finales de enero y trasladados a Krasnoye Selo (al sur de Leningrado), incor-porándose el 8 de febrero un tercero: el 16º Batallón *Schuma*. Los tres batallones cambiaron su denominación, pasando el 21º Batallón «*Liepaja*», a ser la 1ª Legión Letona; el 19º Batallón «*Latgale*», la 2ª Le-gión Letona, y el 16º Batallón «*Zemgale*», la 3ª Legión Letona, fusio-

LA 2ª BRIGADA SS

La 2ª Brigada de Infantería SS se organizó poco antes de lanzarse la Operación «Barbarroja», el 15 de mayo de 1941 y quedó encuadrada en el Grupo de Ejércitos Norte. En una reunión celebrada apenas tres días antes de que comenzaran las hostilidades entre Alemania y la Unión Soviética se decidió que la 2ª Brigada de Infantería SS junto con la 1ª SS y la de Caballería SS, serían utilizadas en la retaguardia del ejército para llevar a cabo operaciones de seguridad. En enero de 1943 los batallones *Schuma* letones 19º y 21º se incorporaron a la Brigada, que ya incluía unidades de voluntarios holandeses, flamencos y noruegos. En esas mismas fechas, Heinrich Himmler tomó la decisión de transformar la 2ª Brigada de Infantería SS en una unidad letona, sentando las bases para una futura división letona. Los batallones *Schuma* letones 19º y 21º, junto al 16º enviado en febrero, conformaron el 1º Regimiento de Voluntarios de la Brigada SS, y en marzo, otros tres batallones *Schuma*, 18º, 24º y 26º se unirían para formar el 2º Regimiento de la Brigada, siendo enviados a Krasnoie Selo para recibir entrenamiento. El 18 de mayo de 1943, estos batallones se incorporaron a la 2ª Brigada de Infantería SS, que fue rebautizada como 2ª Brigada SS Letona, siendo retiradas las unidades holandesas, flamencas y noruegas. La Brigada letona se desplegó con el Grupo de Ejércitos Norte, al mando del *Brigadeführer* Fritz von Scholz. En enero de 1944, la Brigada se transformaría en la 19ª División de Granaderos Waffen SS (2ª Letona).

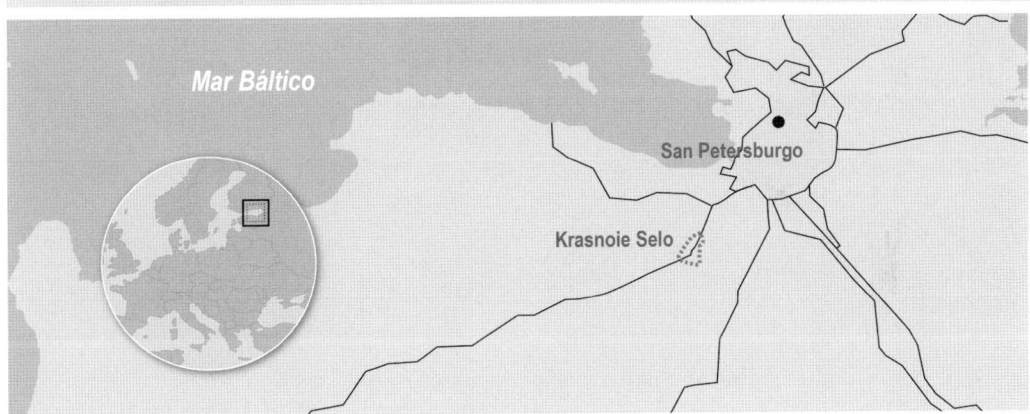

Mar Báltico

San Petersburgo

Krasnoie Selo

Al sur de la ciudad de San Petersburgo (Leningrado, entonces) estaba la ciudad de Krasnoie Selo, donde se reunieron los tres batallones letones que constituyeron el 1º Regimiento de Infantería SS de Letonia.

nándose los tres en el denominado entonces «1º Regimiento de Infantería de Letonia», que por orden del 18 de abril, pasaría a llamarse «1º Regimiento de Infantería de las SS de Letonia».

Para mandar la unidad fue nombrado el ya varias veces citado teniente coronel Voldemars Veiss, quien llegó a Krasnoie Selo a principios de abril. Además de los tres batallones mencionados, el regimiento incluía una compañía de cañones de acompañamiento de infantería (la nº 13), una compañía de cañones antitanques (la nº 14) y una compañía mixta de ciclistas y esquiadores (la nº 16). Los oficiales de enlace con el mando alemán fueron los *Hauptsturmführer* de origen austriaco, Breimann y Breimeier.

Como comandante de la 1ª Legión fue nombrado el capitán K. Shneberg, quien el 12 de abril recibió el mando del oficial de enlace alemán, el *Hauptman* de la policía Jacob. La 2ª Legión estuvo al mando del oficial de comunicaciones alemán, *Hauptsharführer* Breimanis, hasta el 25 de marzo, y luego por el teniente coronel Karlis Aperats. Por último, la 3ª Legión siguió bajo el mando del capitán (más tarde mayor) Rudolfs Gustavs Kocins (justo en el momento de la reforma, durante la ausencia del comandante del batallón, sus funciones las desempeñaba el capitán Janis Ozols).

Arriba. El *Obersturmbannführer* (teniente coronel) Voldemars Veiss recién condecorado con la Cruz de Hierro de 2ª Clase. Fue el oficial más emblemático de la colaboración letona con los alemanes, desde julio de 1941. Sería el primer letón en ganar la Cruz de Caballero de la Cruz de Hierro.

Abajo. El *Obersturmbannführer* Karlis Lobe. Fue el oficial letón encargado de organizar el 2º Regimiento de la Brigada.

Un poco más tarde se incorporó a la unidad el teniente coronel Karlis Lobe, quien inició la formación del 2º Regimiento de Infantería letón (al que se aplicó el sobrenombre de «Imanta»). El 1 de abril llegaron al distrito de Krasnoye Selo, procedentes de Riga, los primeros 1000 letones movilizados, que fueron enviados al frente sin entrenamiento previo por el mando alemán, inmediatamente después de ser reclutados, a pesar de las protestas del autogobierno letón y del inspector general de la Legión, Rudolfs Bangerskis, como ya hemos afirmado en el capítulo anterior.

El 18 de abril, llegaba a la población rusa citada el 24º Batallón *Schuma* «Talsi» al mando del capitán Skruja, que iba a ser la primera unidad que formaría parte del 2º Regimiento. Un día más tarde, el 19 de abril, se incorporaba al 2º Regimiento como III Batallón, el 26º Batallón *Schuma* «Tukuma», el cual estaría a las órdenes del capitán Stripnieks desde el mes de mayo. Para completar el regimiento, el 1 de junio se incorporó el 18º Batallón *Schuma* «Kurzeme», en este caso como II Batallón, al mando del capitán V. Grants.

El 2º Regimiento mantuvo los nombres de los antiguos batallones para uso interno de la unidad. Las compañías de cada uno de los batallones también recibieron denominaciones de varios topónimos y nombres propios letones.

El 15 de marzo de 1943, la unidad pasó a llamarse «Brigada de Voluntarios de las SS de Letonia», aunque el 22 de octubre de ese mismo año se añadió el número 2 delante del nombre: «2ª Brigada de Voluntarios de las SS de Letonia». Para ocupar el puesto de jefe de la brigada fue nombrado el *Brigadeführer* Fritz von Scholtz. Después de cambiar el nombre de la brigada por orden de von Scholz, el 18 de abril los regimientos recibieron los siguientes nombres: «1er Regimiento de Voluntarios de las SS de Letonia» (*SS-Freiw. Rgt. 1/lett.*) y «2º Regimiento de Voluntarios de Letonia» (*SS-Freiw. Rgt. 2/lett.*).

Arriba. *Brigadeführer* Fritz von Scholtz, fue el primer comandante de la Brigada de Voluntarios SS de Letonia.

Abajo. El *Standartenführer* Hinrich Schuldt fue nombrado jefe de la Brigada letona en septiembre de 1943. Este oficial moriría en combate el 15 de marzo de 1944, alcanzado por un impacto directo de protectil antitanque. Fue enterrado en Riga y le fueron concedidas a título póstumo las Espadas para unir a su Cruz de Caballero con Hojas de Roble. (En la foto con los parches de cuello de *Oberführer*)

En marzo, a la vez que se formaban los regimientos de infantería, comenzó a organizarse un grupo de artillería a las órdenes del capitán Gravelis, la compañía sanitaria al mando del mayor Dr. J. Rublovskis, una compañía de transmisiones y unidades menores logísticas.

Después de un mes de entrenamiento, entre el 29 de abril y el 5 de mayo, la brigada fue trasladada al frente del Vóljov, y estacionada en la orilla occidental del río, frente a las poblaciones de Urdanik y Poselok, en un terreno pantanoso y boscoso.

En los primeros días de septiembre de 1943, los letones sufrieron un ataque muy duro de los soviéticos, perdiendo muchos hombres y realizando actos de heroismo que cristalizaron en la concesión de más de un centenar de cruces de hierro de 2ª y 1ª clase. En plena ofensiva rusa, el 5 de septiembre, el mando de la brigada pasó al *Standartenführer* Hinrich Schuldt quien en noviembre de ese mismo año ascendería a *Oberführer*. A mediados de octubre, el teniente coronel Voldemars Veiss fue nombrado jefe de la infantería de la brigada, el teniente coronel Karlis Aperats asumió temporalmente el mando del 1er Regimiento el 11 de noviembre, y el mayor Rudolfs Kocins, fue reemplazado en el mando del III Batallón de dicho regimiento por el capitán Nikoljs Galdins el 16 de diciembre. El 8 de noviembre de 1943, el 1° Regimiento de la brigada pasó a llamarse 39° Regimiento de Granaderos SS (1° letón) y el 2° Regimiento, 40° Regimiento de Granaderos (2° letón) El 31 de diciembre de 1943, la brigada estaba formada por 8033 hombres.

El 19 de enero de 1944, los soviéticos lanzarían un doble ataque, desde Leningrado y Novgorod para romper el interminable asedio que sufría la ciudad de Leningrado (San Petersburgo). Debido a la situación general del frente, la brigada tuvo que abandonar sus posiciones cerca de Vóljov y retirarse a otras defensivas, diez kilómetros al sur de Luga, que mantuvo hasta el 31 de enero. Al día siguiente la brigada se retiró más hacia el suroeste. El 7 de febrero atacó a los soviéticos para aliviar la presión sobre la división vecina. Después de completar la tarea, la brigada continuó su retirada hacia la ciudad de Pskov, a donde llegó el 25 de febrero. Durante la retirada, el 24 de febrero, murieron los jefes del I y II batallones del 40° Regimiento, los capitanes Skrauja y Grant. Además, le fue concedida al *Obersturmbannführer* Voldemars Veiss la Cruz de Caballero de la Cruz de Hierro en 9 de febrero, por la heróica defensa de la aldea de Nkochovo –al norte de Novgorod–, siendo el primer letón en obtener en combate la máxima condecoración alemana en la Segunda Guerra Mundial.

Desde Pskov, la brigada fue trasladada a las posiciones del río Velikaja (la llamada «Línea Panther»), donde se le asignaron posiciones a la izquierda de la 15ª División de Voluntarios de las SS de Letonia, en la zona norte.

Arriba. El teniente coronel Karlis Aperats con el uniforme del Ejército letón de preguerra. Se le concedería la Cruz de Caballero a título póstumo.

Abajo. Varios soldados letones comparten un momento de ocio en el frente.

EVOLUCIÓN DE LA BRIGADA SS LETONA

BRIGADA

Febrero-1943: «2ª Brigada de Infantería de las SS»

15-3-1943: «Brigada de Voluntarios SS de Letonia»

22-10-1943: «2ª Brigada de Voluntarios SS de Letonia»

22-3-1944: Se inicia la transformación de la brigada en división

Mayo-1944: Desaparece la brigada, pasando a denominarse «19ª División de Granaderos de las SS (let. 2)

REGIMIENTOS

Febrero 1943: 1º Regimiento de Infantería de Letonia/ 2º Regimiento de Infantería de Letonia

18-4-1943: 1º Regimiento de Infantería de las SS de Letonia/ 2º Reg. de Infantería de las SS de Letonia

8-11-1943: 39º Regimiento de Granaderos de las SS (1º letón)/ 40º Reg. de Granaderos de las SS (2º letón)

BATALLONES

1º REGIMIENTO: I Batallón: 21º «*Liepaja*»; II Batallón: 19º «*Latgale*»; III Batallón: 16º «*Zemgale*»

2º REGIMIENTO: I Batallón: 24º «*Talsi*»; II Batallón: 18º «*Kurzeme*»; III Batallón: 26º «*Tukuma*»

MANDOS

Brigada: *Brigadeführer* Fritz von Scholtz/ *Standartenführer* Hinrich Schuldt

Regimientos. 1º REG.: *Ostuf* Voldemars Veiss/ *Ostuf* Karlis Aperats. 2º REG.: *Ostuf* Karlis Lobe

Abajo. El *Obersturmbannführer* Voldemars Veiss, arenga a sus hombres del 1º Regimiento, en septiembre de 1943.

LA LÍNEA «PANTHER»

Conocida como *«Panther» Stellung* o *«Panther» Linie,* era una línea de defensa, más o menos fortificada, que se extendía desde el Golfo de Finlandia hasta el Mar Negro. Tras la batalla de Kursk, la Directiva de Hitler nº 10 de 1943, ordenó la construcción de una línea de defensa escalonada a lo largo de la orilla oriental del río Dnieper, cuya parte norte conectaba con posiciones de la línea Stalin (1928-1939) –desde Narva hasta Pskov– y más adelante a lo largo de la orilla del río Velikaja hasta Ostrava e Idrica. La construcción comenzó en septiembre de 1943, preparando 37 kilómetros de zanjas antitanques, 1350 puestos de tiro, 5450 búnkers con defensas livianas, 650 búnkers de hormigón y 75 búnkers de acero. En la construcción de esta linea de defensa participaron más de 30 000 trabajadores locales, 17 000 soldados y 7000 miembros de la Organización «Todt». La línea «*Panther*» enlazaba por el sur con la denominada *«Wotan» Stellung*, o posición *«Wotan»*, en Ucrania, desde Crimea hasta Vitebsk, por toda la orilla occidental del río Dnieper.

En enero de 1944, el Grupo de Ejércitos Norte alemán, se retiró del Vóljov a la zona fortificada del río Velikaja. La línea defensiva no estaba preparada para la gran ofensiva del Ejército Rojo.

El 7 de enero de 1944, Himmler emitió la orden de transformar la brigada en División de Voluntarios de las SS de Letonia. Tras la entrada en las posiciones de la «Línea Panther» el 22 de marzo de 1943, se inició la transformación de la brigada en división. En mayo de ese mismo año, la división pasó a llamarse 19ª División de Granaderos de las SS (letona nº 2) –*Waffen-Grenadier Division der SS 19 (lett. n.º 2)*–.

Ambas unidades letonas citadas, la 15ª División *Waffen SS* –de la que hablaremos más adelante– y la 19ª División *Waffen SS* –heredera de la Brigada–, se agruparían en el denominado VI Cuerpo de Ejército SS, también llamado Cuerpo de Ejército letón, del que también hablaremos a continuación.

Abajo. El *Oberführer* Schuld (izquierda, con abrigo), jefe de la 2ª Brigada SS letona, y el *Standartenführer* letón Voldemars Veiss –jefe de la infantería y del 1° Regimiento– en el frente del Vóljov. Otoño de 1943.

EVOLUCIÓN DEL FRENTE ORIENTAL DURANTE LA EXISTENCIA DE LA 2.BRIGADA DE VOLUNTARIOS LETONES SS

Lago Ladoga

Mar Báltico

Leningrado

XXXXX
VOLKHOV

Narva

Tallin

18º XXXX

ESTONIA

Lago Peipus

Luga

Novgorod

XXXXX
2º BÁLTICO

Lago Ilmen

NORTE XXXXX

16º XXXX

Pskov

Staraya Rusa

Demiansk

LETONIA

Pochka

Cholm

XXXXX
1ER BÁLTICO

Riga

Liepaja

Polotsk

Velikiye Luki

Río Dniéper

Tebsk

LITUANIA

Daugavpils

Río Dangava

Memel

BIELORRUSIA

Smolensk

Kaunas

Vilna

XXXXX
CENTRO

Mogilev

PRUSIA ORIENTAL

Minsk

N
W · E
S

XXXX	XXXXX
⊠ Ejército	⊠ Grupo de Ejércitos

—— Línea de frente entre febrero del 43 y enero del 44
—— Línea de frente entre enero y marzo del 44

LA 19ª DIVISIÓN DE GRANADEROS SS

En marzo de 1944, cuando la brigada se transformó en división, se le asignó un tercer regimiento de infantería, que en la secuencia letona sería numerado como 6º Regimiento, ya que el 3º, el 4º y el 5º se habían asignado a la 15ª División *Waffen SS* (1ª letona).

Además se modificó la nomenclatura de los anteriores regimientos de la brigada; así el 39º Regimiento se convirtió en el 42º, al mando del comandante Nikoljas Galdins, y el 40º Regimiento pasó a ser el 43º, cuyo jefe siguió siendo el teniente coronel Karlis Lobe. El último incorporado, (el 6º en la secuencia letona) sería denominado 44º Regimiento de Granaderos, poniendo al frente al teniente coronel Rudolfs Kocins. El ya coronel Voldemars Veiss fue nombrado jefe de la infantería divisionaria, el mismo cargo que desempeñaba en la brigada.

Pese a que en abril de 1943 se empezó a hablar de la constitución de un cuerpo de ejército que agrupara las dos divisiones letona, éste se formaría en octubre de ese mismo año, al mando del *Obergruppenführer* de la *Waffen SS* y general de la policía, Karl Pfeffer-Wildenbruch.

Arriba. Varios suboficiales letones de la 19ª División Waffen SS. Se distinguen por el emblema de cuello: la «Uguns Krusts».

Página siguiente. El *Standartenführer* Voldemars Veiss, en una arenga a sus soldados. Detrás se reconoce al general Bangerskis.

En las mismas fechas en las que se constituía la 19ª División, caía en combate su jefe el *Standartenführer* Hinrich Schuldt, asumiento el oficial alemán del mismo empleo, Friedrich-Wilhelm Bock, su mando temporal. El 13 de abril, el entonces *Gruppenführer* Bruno Strekenbach sería nombrado jefe de la 19ª División letona.

El 7 de abril de 1944, el jefe de la infantería de la División, el coronel Voldemars Veiss fue herido en el frente, muriendo diez días después, el 17 de abril, a causa de las heridas. Ocuparía su puesto en la 19ª División el *Standartenführer* Karlis Lobe, dejando el mando del 43º Regimiento al del mismo empleo, Aleksanders Plensner, quien fue enviado al frente desde el destino que ocupaba hasta entonces en la Inspección General de la Legión Letona, junto a Rudolfs Bangerskis.

Arriba, izquierda. *Standartenführer* Friedrich-Wilhelm Bock.

Arriba, derecha. El *Gruppenführer* Bruno Strekenbach, fue nombrado jefe de la División en abril de 1944. (En la foto era todavía Brigadeführrer).

STANDARTENFÜHRER VOLDEMARS VEISS

de. En 1937 se graduó en la Academia Militar de Estado Mayor, mandando entre 1937 y 1938 un batallón en el 3er Regimiento de Infantería de la 1ª División de Infantería «*Kurzeme*». Cuando los soviéticos invadieron Letonia Veiss era el agregado militar letón en Estonia, siendo cesado de este cargo en agosto, y retirándose del ejército en octubre, instalándose en Riga en marzo de 1941. Tras la ocupación alemana de Letonia, en el verano de 1941, fue nombrado comandante de las Unidades de Autodefensa, y entre julio y diciembre, también fue jefe de la Policía Auxiliar de Riga. En diciembre fue nombrado Director General Adjunto de Asuntos Internos del Autogobierno letón y Director de Seguridad Interior. En enero de 1943 mandó durante cuatro me-

Voldemars Veiss nació en Riga el 7 de noviembre de 1899. En diciembre de 1918 se incorporó a la Compañía Militar de Alumnos organizada por el Gobierno Provisional de Letonia. En mayo de 1919 ascendió a alférez y participó en varias batallas de la Guerra de Independencia de Letonia. En marzo de 1920 ascendería a primer teniente, ocupando varios destinos en unidades de infantería del Ejército letón. En 1934, después de haber pasado por los empleos de capitán y comandante, fue ascendido a teniente coronel, siendo nombrado jefe del Departamento de Organización y Movilización del Ejército dos años más tar-

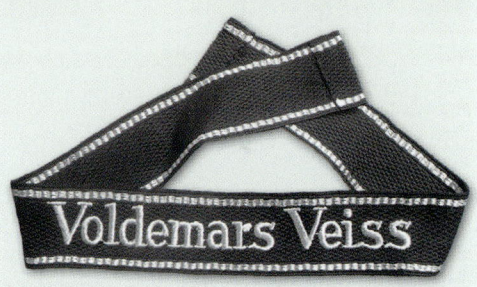

ses el 281º Batallón *Schuma* «*Abrene*», siendo nombrado más tarde jefe del 1º Regimiento Voluntario, integrado en la Brigada SS letona, y luego en la 19ª División *Waffen SS*, siendo responsable de la infantería de ambas unidades. En agosto de 1943 fue ascendido *Standartenführer*. El 9 de febrero de 1944 le fue concedida la Cruz de Caballero de la Cruz de Hierro por su heroica defensa de Nekochovo, al norte de Novgorod.

El 7 de abril resultó herido por la explosión de una granada en el frente del Vóljov (momento que recoge la fotografía de la izquierda), siendo evacuado al hospital de Riga, donde murió el 17 de abril. Fue despedido con grandes honores y enterrado en el cementerio de los Hermanos, en la capital letona. En enero de 1945, el 42º Regimiento de la 19ª División de Granaderos de las SS recibió una cinta de brazo con su nombre.

En la segunda quincena de abril, el 6º Cuerpo de las SS fue trasladado a las llamadas posiciones de Bardovo-Kudevere, a 50 km de Opochka. Y, precisamente, cuando la división estaba en estas posiciones, comenzó la formación del Regimiento de Artillería divisionario, empleando como base el grupo artillero existente, procedente de la 2ª Brigada SS letona. A mediados del mes de junio, el regimiento disponía de dos grupos ligeros.

El 30 de junio de 1944 la 19ª División *Waffen SS* letona estaba formada por 10 592 hombres.

Página siguiente. Un suboficial de la 19ª División *Waffen SS* letona se fotografía ante un letrero que nos indica varias poblaciones de la región de Latgalia (Letonia). En julio de 1944, las divisiones letonas integradas en el VI Cuerpo de Ejército Voluntario SS, cruzaron la frontera de su país en retirada.

OBERGRUPPENFÜHRER KARL PFEFFER-WILDENBRUCH

Nació el 12 de junio de 1888 en Kalkberge-Rüdersdorf, una población cercana a Berlín. En 1907, Karl Pfeffer-Wildenbruch se unió al 22º Regimiento de Artillería de Campaña como cadete, siendo egresado como alférez en agosto del año siguiente. Participó en la Primera Guerra Mundial como oficial de artillería, entrando en el estado mayor del general Von der Goltz, en el 1º Ejército Otomano. Entre mayo y noviembre de 1917 formó parte de la misión militar alemana en Constantinopla, regresando a Alemania en diciembre de 1917. Permaneció en el ejército de la República de Weimar, incorporándose en agosto de 1919 a la policía, ascendiendo al empleo de comandante. De 1928 a 1930 fue enviado a Santiago de Chile, en el puesto de inspector de los Carabineros (fuerzas de policía militarizada). Tras su regreso a Alemania ascendió a teniente coronel, y en junio de 1933 se convirtió en jefe del Regimiento de Policía Estatal de Frankfurt. Desde mayo de 1936 fue Inspector General de las Escuelas de Policía alemanas siendo ascendido a *Generalmajor* de la Policía el 1 de mayo de 1937. El 12 de marzo de 1939 se unió a la *Algemeine-SS*, formando parte del Estado Mayor del *Reichsführer-SS*, ascendiendo a *SS Brigadeführer* el 20 de abril de 1939. A finales de 1939 organizó la División *Polizei* (de la *Waffen SS*) y la dirigió en la campaña de Francia de 1940, siendo ascendido a *SS Gruppenführer* y teniente general de la policía el 20 de abril de 1940. A partir de noviembre de 1940 volvió al Estado Mayor del *Reichsführer-SS* hasta octubre de 1943. Precisamente el 8 de octubre de 1943 fue nombrado jefe del VI Cuerpo de Ejército Voluntario SS (Letón). El 9 de noviembre de 1943 ascendió a *SS Obergruppenführer*. En agosto de 1944 fue enviado a Hungría y a principios de diciembre de ese mismo año fue nombrado comandante general del IX Cuerpo de Ejército de Montaña SS y comandante militar en Budapest, participando en la defensa de la capital húngara después de su cerco hasta febrero de 1945, siendo gravemente herido y hecho prisionero por los rusos. Regresaría a Alemania en octubre de 1955. Fue condecorado con la Cruz de Caballero de la Cruz de Hierro el 11 de enero de 1945, y las Hojas de Roble, el 1 de febrero de 1945.

El VI Cuerpo de Ejército Voluntario SS (Letón)

El VI Cuerpo de Ejército de la *Waffen SS* fue creado el 8 de octubre de 1943 en Graffenwehr, para agrupar las dos grandes unidades letonas (las 2ª Brigada SS y la 15ª División SS). Tras su formación, las unidades del Cuerpo de Ejército combatieron bajo el mando del 18º Ejército, y desde mediados de 1944, del 16º Ejército. En julio de 1944 todas las unidades del VI Cuerpo de Ejército cruzaron las fronteras de Letonia, combatiendo en su patria en muchas batallas defensivas, terminando su vida operativa en la Bolsa de Curlandia, rindiéndose a los soviéticos en mayo de 1945, lo que quedaba de la gran unidad, después de participar con toda su fuerza en las seis batallas de la Bolsa.

Desde junio hasta mediados de julio de 1944, la división participó en varias batallas en retirada, cerca de la frontera con Letonia. El 17 de julio, las dos divisiones letonas cruzaron la frontera de Letonia.

En la segunda quincena de julio, debido a las importantes pérdidas humanas que sufrió la división durante su retirada y al traspaso de parte de su personal para completar las plantillas de la 15ª División, ésta quedó muy reducida y fue denominada *Kampfgruppe* «Strekenbach», haciendo referencia al nombre del general jefe de la división, Bruno Streckenbach.

Los regimientos de la división (42º, 43º y 44º) quedaron tan mermados de personal, que pasaron a denominarse *Kampfgruppe-bataillon* (42º, 43º y 44º), sin embargo, oficialmente, mantuvieron sus nombres anteriores en los listados de unidades alemanas. Por otro lado, en la 19ª División se integraron el 15º Regimiento de Artillería y el 15º Batallón de Zapadores. La composición de la división después de la reforma fue la siguiente:

19ª División Waffen SS (2ª letona) Agosto 1944

- **42º Regimiento de Granaderos** (*Sturmbannführer* Galdins): Compañía de Cuartel General, 6 compañías de fusiles, compañía de cañones y compañía pesada (lanzagranadas ligeros y pesados y cañones contracarro).

- **43º Regimiento de Granaderos** (*Sturmbannführer* Stripnieks): Compañía de Cuartel General, 4 compañías de fusiles, compañía pesada.

- **44º Regimiento de Granaderos** (*Obersturmbannführer* Kocins): Compañía de Cuartel General, 4 compañías de fusiles, compañía pesada.

- **19ª Batallón de Reconocimiento** (*Sturmbannführer* Laumanis): 3 compañías de fusiles, compañía pesada.

- **15º Regimiento de Artillería** (*Standartenführer* Skaistlauks): 3 grupos ligeros y uno pesado.

- **19º Regimiento de Artillería**: 2 grupos ligeros.

- **15º Batallón de Zapadores** (*Obersturmführer* Ijabs).

- **19º Batallón de Zapadores** (*Obersturmbannführer* Voldemars Saulitis).

- **19º Batallón de Transmisiones** (*Sturmbannführer* Heinz Gosepath –alemán–)

- **19º Grupo Antitanque** (*Sturmbannführer* Otto Akmenkalej)

- **506º Grupo de Artillería Antiaérea:** (*Sturmbannführer* H. Gusev). Se creó al integrar los grupos antiaéreos 15º y 19º en el mes de agosto de 1944.

EVOLUCIÓN DEL FRENTE ORIENTAL DURANTE LA EXISTENCIA DE LA 19ª DIVISIÓN WAFFEN SS (2.LETONA)

Tropas letonas de la 19°
División en agosto de 1944,
en la región de Vidlandia.
La ofensiva soviética sobre
el Báltico estaba empu-
jando a las tropas del Eje
hacia el oeste, amena-
zando con colapsar al
Grupo de Ejércitos «Norte».
La aparente tranquilidad de
los soldados no refleja el
estado de la guerra en
aquellos momentos del ve-
rano de 1944.

A finales de agosto, todos los regimientos de la división recibieron personal para reconstituirse y abandonaron la designación
Kampfgruppe. Cada regimiento de granaderos SS dispondría desde
aquel momento de dos batallones, una batería de cañones de acompañamiento de infantería, zapadores y un pelotón de transmisiones.

Por esas mismas fechas, el mando del 43° Regimiento pasó a
manos del *Obersturmbannführer* Rubenis, aunque en septiembre
tomaría el mando definitivamente el *Obersturmbannführer* Roberts
Osis, del que ya hemos hablado varias veces en este trabajo.

El Grupo de Ejércitos «Norte», estacionado en Estonia, conocía
las intenciones de la ofensiva soviética y el colapso al que llevaría
a una buena parte de las tropas alemanas desplegadas en el sur del
país y en Vidlandia, la caída de la capital letona. Fue por ello que
el *Generaloberst* Schörner, tras la autorización de Hitler, ordenó el
16 de septiembre la retirada por vía marítima (Operación «Aster»)
y por vía terrestre de las unidades alemanas de Estonia.

Precisamente en este contexto tuvo lugar una de las batallas más
importantes de la guerra en suelo letón: la Batalla de More; una
semana de combates con unidades del Ejército Rojo, que permitió
a una parte de las unidades del 16° Ejército alemán –que formaba
parte del Grupo de Ejércitos Norte– salvarse de la ofensiva soviética
y, vía Riga, hacerse fuertes en la denominada «Fortaleza Curlandia», en la zona más occidental del país, una región que no caería
en manos de Stalin hasta el día de la derrota alemana, el 8 de mayo
de 1945, pese a los sucesivos embates de los ejércitos soviéticos
desde octubre de 1944.

LA BATALLA DE MORE

La batalla de More tuvo lugar entre el 25 de septiembre y el 6 de octubre de 1944 en territorio de Letonia. En aquellas fechas la 19ª División impidió los repetidos intentos del Ejército Rojo de enfilar su avance hacia Riga lo que, a la postre, permitiría la retirada de las fuerzas alemanas del sur de Estonia. En el otoño de 1944 los soviéticos habían ocupado toda la región de Latgalia, y avanzaban en dirección al Golfo de Riga, con el fin de tomar la capital letona y dejar embolsado parte del 16º Ejército alemán en el sur de Estonia. Varias unidades del 16º Ejército de la *Wehrmacht*, en el que se integraba la 19ª División letona, se enfrentaron al Ejército Rojo en varias batallas de repliegue hasta llegar a la parroquia de More. El 25 de septiembre, dos regimientos de la División: el 44º a la derecha y el 42º a la izquierda, ocupaban posiciones defensivas construidas en dicha parroquia. El 43º Regimiento quedaba en reserva en el distrito de Allazi. Por parte soviética, se verían involucrados en la batalla los regimientos 89º, 117º y 225º de la 23ª División de Fusileros (61º Ejército) así como los regimientos 107º, 111º y 228º de la 55ª División de Fusileros (10º Cuerpo de Carros). Anteriormente, durante varias semanas, los ingenieros alemanes realizaron trabajos de fortificación, nidos de ametralladoras, alambradas y campos de minas. Los apoyos artilleros letones eran muy potentes, disponiendo de dos regimientos de artillería de cam-

paña –el 15º y el 19º–, además de las unidades contracarro y de cañones de acompañamiento. El 25 de septiembre se producía el ataque de los soviéticos, con cinco días sucesivos de intensos combates en los que los atacantes superaban a los defensores en la proporción de 10 a uno, llegando muchas veces al cuerpo a cuerpo. El 26 de septiembre fueron cuatro los batallones rojos, apoyados por carros de combate, los que atacaron las posiciones letonas tras la preparación artillera. Pese a que lograron ocupar parte de las trincheras en las que estaban las compañías 1ª y 3ª del 44º Regimiento, los letones las recuperaron. Al día siguiente, nueve batallones soviéticos atacaron a la 3ª y la 4ª compañías del 44º Regimiento, en el centro de More, apoyados por artillería, aviación (aparatos de bombardeo en picado IL-2) y carros (T-34), logrando los letones desactivar todos los

⚡⚡ leġionāri sargā tēvuzemi

TEATRO DE OPERACIONES EN TORNO A RIGA (14/9/1944)

ESTONIA

Mar Báltico

VIDLANDIA

URSS

Sigulda

MORE

RIGA

CURLANDIA

SEMIGALIA

Liepaja

Lago Lubana

LATGALIA

LITUANIA

URSS

---

ataques contundentemente, quedando las piezas de artillería letonas sin munición. Para reforzar a las unidades implicadas, el mando de la división envió al II Batallón del 43º Regimiento, que logró destruir cuatro carros rusos T-34 con los «*Panzerfaust*». El día 28 los rusos siguieron atacando a los letones, mañana y tarde, y aunque la defensa resistió, en los últimos combates del día, los soviets lograron penetrar las posiciones letonas en el distrito de Madeleine-Kartuzi, en un frente de 500 metros. En la mañana del día 29, el I Batallón del 42º Regimiento con el apoyo de seis cañones de asalto, eliminaría la brecha en un decidido contraataque, en el que moriría el comandante del regimiento ruso, con más de 150 bajas enemigas. En la batalla se destacaron muchos soldados letones, aunque es de justicia se-

ñalar a Gustavs Praudins, quien pese a no tener la categoría de oficial, el jefe del 44º Regimiento lo puso al mando del I Batallón, repeliendo ocho ataques enemigos consecutivos, demostrando su enorme valor. El 30 de septiembre los combates en torno a More habían terminado. La noche del 5 al 6 de octubre, se ordenó a las unidades de la 19ª División que dejaran las posiciones de defensa de Sigulda y el mismo día 6, los soviéticos entraron en las posiciones abandonadas por los letones. Las bajas letonas han sido minuciosamente calculadas por los supervivientes de la 19ª División: hubo 186 muertos o desaparecidos y 650 heridos letones. Las bajas soviéticas estimadas por las fuentes letonas nos hablan de 2736 muertos y 9576 heridos. La proporción de bajas entre ambas fuerzas fue, realmente, escalofriante.

XX

19

Secc. topográfica

MP — Policía Militar

A

Unidad de Intendencia

IV A
Suministros
Carnización
Panadería

IV B — Sanidad

IV C — Veterinaria — VET

Transporte Hipomóvil
Transporte Motorizado
Taller

Regimientos de Granaderos SS nº 42, 43 y 44

Regimiento «Ulrich» (Agregado)

III

Plana Mayor

Armas Pesadas

II

Cada sección tenía 3 MG-42

Batallón «Laumanis»

Armas Pesadas

Agrupación de Artillería «Skaitlauks»

15º Regimiento de Artillería

Batería de Plana Mayor

Grupo Antiaéreo 506
Baterías Flak

Grupos Ligeros
Baterías de 4 piezas de 10,5 cm

Grupo Pesado
Baterías de 4 piezas de 15 cm

Grupos Ligeros
Baterías de 4 piezas de 10,5 cm

Grupo de Zapadores 19

Grupo de Zapadores 15

Grupo de Transmisiones
Radio
Telefonía

Batallón Antitanque
Antitanque (12x7,5 cm)
Antiaérea (9x2 cm)

Armas antitanque y pesadas en la Compañía de Armas Pesadas de cada regimiento de granaderos
42º Regimiento: 2x4,5cm ATr + 6 Panzerschreck / 12x8,1cm M + 2x7,6cm C +2x15cm C + 4x7,5cm C.
43º Regimiento: 2x4,5cm ATr + 6 Panzerschreck / 12x8,1cm M + 4x12cm M +4x7,5cm C.
44º Regimiento: 3x5cm ATa+ 2x4,5cm ATr+ 6 Panzerschreck /12x8,1cm M + 4x12cm M +4x7,5cm C.

Piezas antiaéreas en el 506 Grupo Flak
4x8,8cm C, 18x3,7cm C (2 baterías) y 27x2cm C (3 baterías)

Abreviaturas
C: cañones; ATa: antitanque alemán; ATr: antitanque ruso; M: mortero; Panzerschreck: lanzagranadas portátil

Entre el 25 de septiembre y el 6 de octubre, los soldados letones de la 19ª División lograron detener a unidades soviéticas mucho más numerosas, impidiéndoles avanzar hacia Riga.

El 10 de octubre, la 19ª División *Waffen SS* letona, cruzaba el río Daugava y se retiraba, junto a otras unidades alemanas de los Ejércitos 18º y 16º, a la región de Curlandia. En ese momento, la 19ª División letona estaba formada por las siguientes unidades: el 42º Regimiento de Granaderos, al mando del *Sturmbannführer* Galdins, con dos batallones; el 43º Regimiento de Granaderos, mandado por el *Standartenführer* Roberts Osis, también con dos batallones y el 44º Regimiento de Granaderos, al mando del *Obersturmbannführer* Kocins, con igual número de batallones. Además disponía del 19º Batallón de fusileros, al mando del *Sturmbannführer* Laumanis; el 15º Regimiento de Artillería, a las órdenes del *Standartenführer* Skaistlauks; el 19º Regimiento de Artillería, cuyo mando lo ostentaba el *Obersturmbannführer* Grävelis; el 19º Grupo antitanques; el 19º batallón de Zapadores, al mando del *Obersturmbannführer* Taube y dos unidades sanitarias de campaña, atendidas por personal médico letón.

El 15 de enero de 1945, el 42º Regimiento de Granaderos SS recibió el nombre de «Voldemars Veiss», su antiguo comandante, y el 43º Regimiento, el de «Hinrich Schuldt», antiguo jefe de la división, muerto en combate, como el propio Voldemars Veiss.

Arriba. Artilleros letones. El 15º Regimiento de Artillería (de la 15ª División) fue integrado en la 19º en el verano de 1944.

Abajo. *Untersturmführer* Teodors Kalnajs. Era el oficial de operaciones especiales del 44º Regimiento de Granaderos SS de la 19ª División letona.

LA BOLSA DE CURLANDIA

El *Gruppenführer* Bruno Strekembach, jefe de la 19ª División de Granaderos SS desde abril de 1944, junto a varios jefes y oficiales letones, de la División. A su lado el *Untersturmführer* Rudolf Gaitars, recien condecorado por el general con el Distintivo de Combate Cuerpo a Cuerpo. Gaitars fue el primer soldado letón que recibió la Cruz Alemana en Oro por su valor y heroismo en las batallas que tuvieron lugar en febrero, en la zona de Luga, enfrentándose con su compañía a unidades soviéticas tipo batallón y regimiento. Recibió esta importante condecoración en mayo de 1944.

En julio de 1944, el Ejército Rojo entraba en territorio de Letonia. Dos meses más tarde, a principios de octubre, los soviéticos alcanzaban la costa del Mar Báltico cerca de Klaipeda (Memel), dejando aislado al Grupo de Ejércitos «Norte» del resto de las fuerzas alemanas. Antes de la ocupación de la capital, Riga, el 16 de octubre, la mayor parte de las fuerzas de este Grupo de Ejércitos cruzaron el río Daugava y se trasladaron a la península de Curlandia. Allí se creó un frente en la línea: Jurmalciems, Barta, Vainode, Auce, Zebrusezers, Maisakrogs, Viksele, Klapkalnciems.

En este Grupo de Ejércitos había 32 divisiones alemanas, incluida la 19ª División de Granaderos de las SS letona, y en la región de Curlandia quedaron alrededor de 230 000 residentes locales, incluyendo 150 000 refugiados. De las seis grandes batallas que se produjeron en la Bolsa, entre octubre de 1944 y mayo de 1945, la 19ª División participó en cinco de ellas, recibiendo un fuerte castigo en hombres y material.

BOLSA DE CURLANDIA (X-1944/V-1945)

Mar Báltico

Ventspils
Dundaga
Ugale
16° XXXX
Stende
Talsi
XXXXX NORTE
Kandava
Sabile
Tukums
Alsunga
Kuldiga
Riga
Pavilosta
LETONIA
Aizpute
Saldus
Skrunda
XXXX 18°
Blidene
Dobele
Durbe
Liepaja
Grobina
Priekule
Pampali
Auce
Vainode

XXXX ⊠ Ejército   XXXXX ⊠ Grupo de Ejércitos

— Línea de frente septiembre-diciembre 1944
— Línea de frente diciembre 1944 - febrero 1945

LITUANIA

Abajo. Cartel letón de época, en el que se llama a la población a luchar contra los soviéticos: «¡Defiende tu patria! ¡Del bolchevismo!», reza el texto. A la derecha se aprecia el gran río Daugava y varias torres de iglesias, características de Riga. Es muy curiosa la calca del casco, con los colores letones y unas runas de las SS, algo que nunca existió más que en la imaginación del dibujante del cartel.

Después de la primera batalla de Curlandia, en la que la 19ª División sufrió pérdidas importantes, se produjo una crisis moral en la unidad letona, que se manifestó en frecuentes deserciones. Durante este tiempo, unos 500 hombres abandonaron las unidades de combate y unos 2000 hombres se marcharon de la unidad de depósito. La mayoría de los desertores se dispersaron en los bosques de Dundaga, mientras que algunos se unieron al grupo del general Kurelis. Las principales razones de la crisis se pueden encontrar en la falta de claridad sobre las intenciones alemanas con respecto a la defensa de Curlandia; de hecho se pensaba que el mando alemán iba a trasladar la 19ª División a territorio alemán, igual que había hecho con la 15ª División. En noviembre, tan pronto quedó claro que se había decidido defender Curlandia, no sólo una parte de los desertores regresaron a la División, sino que también se presentó un mayor número de nuevos voluntarios.

Aizstāvi savu dzimteni!
CĪŅA BOĻŠEVISMAM!

LAS SEIS BATALLAS DE LA BOLSA DE CURLANDIA

PRIMERA Y SEGUNDA BATALLAS (15-X/25-XI 1944)

El primer ataque a la «fortaleza»–«bolsa» de Curlandia comenzó el 15 de octubre de 1944. La dirección principal del ataque de las tropas soviéticas fue desde Dobele hasta Dzukste. El éxito obtenido fue insignificante, las tropas alemanas sólo retrocedieron dos kilómetros. El Ejército Rojo logró resultados igualmente insignificantes en la segunda gran batalla, que duró del 27 de octubre al 25 de noviembre –con un descanso de 10 días– y tuvo lugar en el sector Priekule-Vainode. Sufriendo enormes pérdidas, el Ejército Rojo ocupó Auce y ganó un espacio de 4 km de profundidad y 12 km de ancho en el sector. Según el Alto Mando alemán, el Ejército Rojo perdió 602 tanques y 239 aviones. Los alemanes también sufrieron grandes pérdidas. Entre el 1 y el 7 de noviembre, las bajas alemanas alcanzaron los 19 000 hombres. Hay que decir que los días 14 y 15 de diciembre, la aviación soviética llevó a cabo fuertes ataques aéreos contra Liepaja. La artillería antiaérea y los cazas alemanes lograron derribar 76 aviones enemigos.

TERCERA BATALLA (21/31-XII DE 1944)

También conocida como «Batalla de Navidad», comenzó en la zona de Saldus, donde 20 divisiones del Ejército Rojo lanzaron una ofensiva en un frente de menos de 35 kilómetros de longitud. Posteriormente, el Ejército Rojo pasó a la ofensiva a lo largo de todo el frente de la Bolsa, con puntos fuertes en los sectores de Saldus, Vainode y Dobele. Uno de sus puntos calientes resultó ser la sección del frente (entre Dobele y Dzukste), defendida por la 19ª División y la 21ª División alemana (que incluía al 106º Regimiento letón). En esta batalla participó el 130º Cuerpo de Fusileros de Letonia con dos divisiones como parte del Ejército Rojo, ganando algunos kilómetros cuadrados en esta batalla, pero perdiendo 513 tanques y 257 aviones.

CUARTA BATALLA (23-I/3-II DE 1945)

El 15 de enero de 1945, el general Heinz Guderian obtuvo permiso para retirar siete divisiones de Curlandia, incluidas dos divisiones

acorazadas. De esta forma quedaron 25 divisiones para defender un frente de 170 km de longitud. El 23 de enero comenzó la cuarta batalla, con las fuerzas soviéticas intentando abrirse paso hacia Liepaja y Saldus. Las unidades rusas que atacaban en dirección a Liepaja lograron crear puentes de fortificación en las orillas de los ríos Barta y Vartaja, aunque a principios de febrero el contraataque alemán los eliminó, finalizando los combates el 3 de febrero. Según el Alto Mando de Curlandia, el Ejército Rojo perdió 541 tanques, alrededor de 100 aviones y tuvo 45 000 bajas.

QUINTA BATALLA (12-II/14-III DE 1945)

El quinto ataque del Ejército Rojo a Curlandia comenzó el 12 de febrero de 1945, en dirección a Dzukste-Irlava. En principio fue rechazado, pero después de lanzar al combate nuevas unidades de infantería y carros de combate, el Ejército Rojo logró capturar Dzukste y más tarde Lestene. El 18 de febrero, el 43º Regimiento de la 19ª División logró recuperar Lestene en un contraataque. El 20 de febrero, el Ejército Rojo inició un ataque en dirección a Liepaja en un área de unos 30 kilómetros de ancho a ambos lados de Priekule. En feroces batallas que duraron hasta el 1 de marzo, el Ejército Rojo logró hacer retroceder las líneas alemanas entre uno y dos kilómetros y capturar Priekule. El 5 de marzo comenzó un ataque al sureste de Saldus, en el que participaron ocho divisiones de infantería soviéticas y dos unidades de tanques. Aquí el Ejército Rojo logró penetrar más profundamente en las posiciones alemanas al este de Saldus y en algunos lugares llegó a la carretera Saldus-Liepaja. El 14 de marzo la ofensiva soviética se debilitó. Las pérdidas rusas fueron terribles: más de 70 000 hombres, 608 tanques y 178 aviones, y la ganancia territorial fue una pequeña franja, incluidas las poblaciones de Dzukste y Priekule.

SEXTA BATALLA (17-III/3-IV DE 1945)

El último ataque del Ejército Rojo tuvo lugar entre el 17 de marzo y el 3 de abril, en el entorno de Saldus. El ataque al oeste de Saldus fue rechazado, pero en el este, en dirección a Blidene, los soviet lograron llegar al ferrocarril de Liepaja, al oeste de la estación de Blidene. El 21 de marzo, el Ejército Rojo inició un ataque al norte de Dobele, en dirección a Saldus, y el 24 de marzo, también en la zona de Liepaja, a ambas orillas del río Vartajas. Este ataque fue rechazado por unidades alemanas. En los días siguientes, bajo la presión del Ejército Rojo, la parte central del Frente de Curlandia fue retirada paulatinamente y el 4 de abril se estabilizó en la línea: Jurmalciems, Priekule (en manos soviéticas), Pampali, Saldus, Grenci, Radzinciems, Klapkalnciems (en manos alemanas). El Ejército soviético tuvo, al menos, 21 000 bajas en esta batalla. La actividad en este frente quedó paralizada después de esta sexta gran batalla.

CAPITULACIÓN

En la madrugada del 7 de mayo de 1945, el comandante del Frente de Leningrado del Ejército Rojo, el mariscal Leonid Govorov, firmó un ultimátum con la exigencia de entregar las armas en un plazo de 24 horas. A la mañana siguiente, el comandante del Grupo de Ejércitos «Kurland», el *Generaloberst* Karl Hilpert aceptaba la capitulación. La tarde del 8 de mayo, el general de división Otto Rauser, representante

Generaloberst Karl Hilpert

del Grupo de Ejércitos «Kurland» en Ezermali (región de Saldus), firmó los términos de la capitulación. El 9 de mayo, Hilpert se rendía al mariscal Leonid Govorov. El 10 de mayo de 1945, en nombre del Consejo Central de Letonia, se llevaron a cabo conversaciones con los mandos alemanes sobre la continuación de la resistencia y la restauración de la independencia. Terminaron sin éxito, pero los alemanes permitieron que los soldados letones no capitularan. Pese a los términos de la capitulación, hubo tropas alemanas que intentaron abrirse paso hacia Prusia Oriental (*VI Waffen-Armeekorps der SS*) aunque el 22 de mayo fueron rodeados y destruidos. Nada menos que 137 000 soldados de la *Wehrmacht* y 9000 legionarios letones se rindieron al Ejército Rojo tras la promesa (incumplida) de «enviarlos a casa». Otros 4000 irreductibles legionarios letones decidieron continuar la lucha contra los ocupantes soviéticos, uniéndose a las unidades partisanas.

Uniformidad de la 19ª División de Granaderos SS

La 19ª División de Granaderos de la *Waffen SS*, la 2ª letona, vistió varios modelos del característico uniforme de las unidades combatientes de las SS. En muchas fotografías se les ve con el uniforme de servicio modelo 1937 (como el mostrado en la página anterior). También utilizarían el uniforme de servicio 1942/43 (como el de la imagen inferior) e, incluso, el modelo 1944 (con chaquetilla corta, como la que lleva el soldado de la foto superior). Los miembros de la 19ª División, desde soldado hasta *Obersturmbannführer*, llevaron en el cuello derecho las runas de las SS y en el izquierdo, los símbolos de su graduación. Más adelante, se adoptó un emblema propio que llevarían los letones de esta división en lugar de las runas: una cruz gamada, que en Letonia se denomina «*Uguns Krusts*» –«Cruz de Fuego»–, aunque muchos de sus miembros mantuvieron las runas. El resto del uniforme, hombreras, águila de la *Waffen SS* y demás distintivos y condecoraciones, era idén-

tico al resto de miembros de esta rama del ejército alemán, con la única característica distintiva del escudo de nacionalidad, el cual se llevaba, indistintamente en el brazo derecho o en el izquierdo –debajo del águila de la *Waffen SS*–, algunos, incluso, lo portaban en el antebrazo izquierdo. Hubo muchas variantes del distintivo de nacionalidad, con variadas formas, y con o sin la palabra «*Latvija*»

(Letonia) en su parte superior, aunque el oficial (*Bevo*) sí que incluía dicha denominación.

En marzo de 1945, por orden de Himmler, la 19ª División recibió refuerzos: 2500 hombres de la 15ª División estacionados en Alemania fueron enviados a Curlandia. Estos efectivos, teniendo en cuenta las grandes pérdidas que había sufrido la 19ª División en las batallas de la Bolsa de Curlandia –unos 3500 hombres–, representaron la renovación de, aproximadamente, 2/3 de sus bajas.

Al evaluar la participación de la 19ª División en cinco de las seis batallas de Curlandia, el comandante del VI Cuerpo de Ejército SS, general Krüger, la reconoció como la mejor división de infantería en la Bolsa de Curlandia.

El 8 de mayo de 1945, exactamente a las 14:00 horas, el comandante de la división, Bruno Streckenbach, dio la orden telefónica de rendirse a los comandantes de todos los regimientos y batallones divisionarios. En aquel momento, la 19ª División de Granaderos SS (2ª letona) estaba formada por 5200 hombres. Sólo una pequeña parte de ellos logró evacuar por vía marítima a Alemania o llegar a Suecia. La mayoría se rindió a los soviets, aunque una parte importante de los letones de la división se adentró en los bosques para continuar la lucha contra los comunistas.

Diversas armas automáticas abandonadas tras la rendición de la Bolsa de Curlandia, el 8 de mayo de 1945

Héroes letones de la 19ª División

Durante la Segunda Guerra Mundial, la más alta condecoración del Ejército alemán era la Cruz de Caballero de la Cruz de Hierro (*Ritterkreuz*), que se concedía a los soldados de cualquier graduación, que habían realizado un hecho o una serie de actos de combate considerados heroicos, aunque como paso previo a su concesión, dicho soldado debía tener en su haber las denominadas Cruz de Hierro de 2ª y de 1ª Clase.

Lógicamente, la mayoría de las 7361 *Ritterkreuz* concedidas durante la Segunda Guerra Mundial lo fueron a soldados alemanes, y solo una pequeña parte, a soldados extranjeros, que lucharon integrados en las fuerzas del Eje en algún momento. Pues bien, los letones fueron el contingente nacional encuadrado en la *Waffen SS,* que más Cruces de Caballero obtuvo en el transcurso de la guerra. A la primera, otorgada a Voldemars Veiss en febrero de 1944, y que ya hemos visto anteriormente, se sumaron otras once más hasta el 9 de mayo de 1945, lo que hace que fueran 12 soldados letones los que obtuvieron esta preciada condecoración. Y hay que decir que, la gran mayoría de ellos –concretamente once–, pertenecían a la 19ª División de Granaderos SS. Nueve de estas *Ritterkreuz* se concedieron en la Bolsa de Curlandia y una, en las ruinas de Berlín.

HAUPTSTURMFÜHRER ZANIS BUTKUS

Fue el soldado letón más condecorado en la Segunda Guerra Mundial. Nació en el condado de Dobele el 29 de julio de 1906, en la parroquia de Augstkalne, siendo sus padres trabajadores agrícolas. En 1927 realizó su servicio militar en el 3er Regimiento de Infantería de Jelgava. En 1932 contrajo matrimonio y tuvo dos hijas. Aficionado al tiro, participó en competiciones deportivas en Letonia y en todo el Báltico. Era el jefe de la guardia «Aizsargi» de su parroquia, por lo que tras la ocupación soviética de Letonia, las nuevas autoridades se interesaron por él varias veces y para evitar la posible represión, se escondió en Riga durante algún tiempo. La noche del 14 de junio de 1941 llegó la noticia de que habían comenzado detenciones en toda Letonia, y ante el convencimiento de que los soviets sólo le querían a él y no a su familia, escapó al bosque. Sin embargo, cuando regresó de su escondite, Butkus se enteró de que los milicianos armados se llevaron a su esposa y a sus hijas de cinco y ocho años, las cuales fueron deportadas a Siberia. No serían liberadas hasta 1954. En su exilio en Occidente, Butkus se enteró de que su esposa e hijas habían sobrevivido a la deportación y habían regresado a Letonia, lamentablemente, él ya había formado una nueva familia. El mismo 15 de junio de 1941, Butkus se incorporó a una unidad partisana para luchar contra el Ejército Rojo. En 1942 fue uno de los primeros en solicitar voluntariamente el servicio en la «Legión Letona». En junio de 1942, integrado en el 26º Batallón *Schuma* «*Tukuma*», marchó al frente oriental, luchando contra el Ejército Rojo y los partisanos soviéticos cerca del lago Ilmen, Minsk y Slutsk. Por su valía en combate fue promovido a suboficial y condecorado con la Cruz de Hierro de 2ª Clase, y más tarde, en agosto de 1943, de 1ª Clase. Integrado ya en el 2º Regimiento de la «Legión Letona». Se especializó en operaciones en la retaguardia enemiga, pasando la línea de frente y realizando reconocimientos en profundidad y numerosos combates cuerpo a cuerpo. A finales de 1943, en un combate, sufrió una contusión tan grave que despertó tras permanecer inconsciente 34 horas, cuando sus compañeros ya habían tomado la decisión de enterrarlo. Butkus se distinguió por su valentía al mando de la 10ª Compañía del III Batallón del 43º Regimiento de Granaderos de la 19ª División letona, en las batallas del río Velikaja, entre el 16 y el 19 de marzo de 1944. En junio le fue concedida la Cruz Alemana en Oro. Con su unidad se replegó a Letonia y en los combates del 8 y 9 de agosto, durante más de 20 horas, su unidad repelió los ataques soviéticos y asaltó sus posiciones. Butkus resultó gravemente herido por astillas de mortero en la pierna, el hombro, el estómago y la cabeza, sin embargo consiguió escapar del cerco junto a ocho hombres de la unidad. Por estos hechos Butkus fue ascendido a *Hauptsturmfürer*, y se le concedieron la *Ritterkreuz* y el distintivo de combate cuerpo a cuerpo en oro. Después de varios meses en el hospital, fue trasladado a Alemania, donde le practicaron una operación en la pierna. Hasta el final de la guerra estuvo en la Dinamarca ocupada reestableciéndose de sus heridas. Fue hecho prisionero y tras su liberación vivió en Alemania, trabajando como joyero. Fue miembro activo de los «Daugava Vanagi». Más tarde se trasladó a Estados Unidos, donde vivió hasta su muerte. Al final de su vida, sufrió varios infartos y operaciones, y perdió la vista. Zanis Butkus falleció el 15 de mayo de 1999 en Alaska a la edad de 92 años; era el último de los Caballeros letones de la *Ritterkreuz* que entregaba su alma lejos de su patria. Fue el más valiente y el más longevo de todos ellos.

OBERSTURMBANNFÜHRER NIKOLJAS GALDINS

Nació en Riga el 9 de octubre de 1902. El 12 de julio de 1919 ingresó como voluntario en el ejército letón y participó en la Guerra de Independencia, permaneciendo en el ejército después del conflicto. En 1922 ingresó a la Academia Militar, graduándose dos años después con el número uno de su promoción de Infantería. Fue destinado como alférez al 4º Regimiento de Infantería de Valmiera. El 17 de noviembre de 1927 fue ascendido a teniente y en enero de 1928, fue trasladado al 6º Regimiento de Infantería de Riga. En noviembre de 1935 ascendía a capitán, empleo que tenía durante la ocupación soviética de julio de 1940. Después de la transformación del ejército letón en el 24º Cuerpo Territorial, que tuvo lugar en 1940, sirvió por un corto tiempo en la 181ª División de Fusileros de este cuerpo. En junio de 1941, el hermano de Nikolaj fue arrestado y deportado a Norilsk, donde murió. Tras la ocupación alemana de Letonia, se unió a la Policía Auxiliar, donde fue nombrado jefe de compañía. En abril de 1943, fue nombrado ayudante del comandante del 42º Regimiento de Granaderos de la 2ª Brigada, de Voluntarios SS de Letonia, Voldemars Veiss, con el empleo militar de *Haupsturmführer*; y en octubre, jefe del 2º Batallón del Regimiento, pasando dos meses más tarde, tras el nombramiento de Veiss como jefe de la Infantería de la brigada, a mandar dicho regimiento. El 30 de enero de 1944 fue ascendido a *Sturmbannführer*, manteniendo el mando del regimiento durante todo ese año. El 19 de octubre de 1944 le fue concedida la Cruz Alemana en Oro, y el último día del año ascendió a *Obersturmbannführer*, manteniéndose al mando de su regimiento en la bolsa de Curlandia. Por sus méritos en combate en la tercera batalla de Curlandia, el 25 de enero de 1945 recibió la *Ritterkreuz*. Tras la capitulación alemana, se entregó a los soviéticos. El 5 de octubre del mismo año fue ejecutado por un pelotón de fusilamiento en Leningrado.

UNTERSCHARFÜRER KARLIS SENSBERGS

Pese a que no hay mucha información disponible sobre él, parece ser que Karlis Sensbergs nació en Letonia en 1926 y sirvió como *SS-Unterscharführer* en el Batallón de Reemplazo de la 19ª División de Granaderos de la *Waffen SS*. Participó en la Batalla de Berlín en abril y mayo de 1945, siendo galardonado con la Cruz de Caballero de la Cruz de Hierro. Dado que nunca más se supo de él después de la batalla, se supone que murió en acción. Su nominación a la Cruz de Caballero fue recibida por teletipo el 5 de abril de 1945. Según la ficha del expediente, fue enviada inmediatamente para su posterior procesamiento. La ficha de archivo de la *Heeres Personalamt HPA* (Oficina del Estado Mayor del Ejército) no se conservó y la concesión quedó sin terminar al final de la guerra. La comisión de orden de la Asociación de Destinatarios de la Cruz de Caballero (AKCR) tramitó el caso en 1981 y decidió: «Cruz de Caballero sí, 9 de mayo de 1945». Un responsable del Archivo Nacional Alemán, *herr* Meentz, declaró el 20 de julio de 2004 que no se puede verificar que Senbergs haya recibido la Cruz de Caballero.

HAUPSTURMFÜHRER MINERVALDIS ADAMSOMS

Nació en 1910 en Poltov, (Ucrania) en el seno de una familia de emigrantes letones. El perfecto conocimiento del idioma ruso, proporcionó una ayuda incalculable en las operaciones de sabotaje que llevó a cabo en la Segunda Guerra Mundial. Después de la independencia de Letonia, la familia regresó y se instaló en Cesis, iniciando Minervaldis estudios teológicos en la Universidad Estatal de Letonia. Sin embargo, tras una relación amorosa fallida, abandonó la Universidad y se enroló en la marina mercante letona. Tras una pelea con el capitán del barco, nuestro hombre se alistó a la Legión Extranjera francesa, participando en varias campañas en África donde se ganó el apodo de «Baigais» («terrible»). Su coraje y audacia lo convirtieron en un gran guerrero. Cuando regresó a Letonia entró en el ejército como suboficial. Su carácter irascible y sus discrepancias con el mando provocaron que fuera retirado del ejército, pasando a trabajar en el campo, donde le pilló la invasión soviética de 1940. Cuando la *Wehrmacht entró en Letonia*, Miervaldis se apuntó como voluntario en el 26º Batallón *Schuma* «*Tukuma*», prestando servicio en Ucrania y Bielorrusia, infiltrándose en las filas de los partisanos bielorrusos, aprendiendo las contraseñas y los puntos de acceso, para luego organizar la destrucción de las unidades. El 8 de marzo de 1943, con 20 hombres, realizó una audaz incursión en el helado lago Ilmen, destruyendo un depósito de artillería del enemigo y tomando prisionero a un oficial ruso. En esta incursión participó otro destacado legionario letón, Zanis Butkus, que estaba en su misma unidad. En la madrugada del 15 de marzo, los rusos atacaron el refugio de su compañía mientras los letones dormían. Liderados por Adamson, los sorprendidos soldados letones rechazaron este ataque. Cuando el 27 de marzo, el comandante del 38º Cuerpo del Ejército alemán quiso prender de su pecho la Cruz de Hierro de 2ª Clase, Adamson se negó a aceptarla, diciendo al general que el premio se

lo merecía el sargento Butkus, de su unidad. El sorprendido general le dijo que a Butkus le habían otorgado otra Cruz de Hierro. Y así fue, le fue impuesta dos días después. En marzo de 1943, el batallón pasó a la 2ª Brigada SS de Letonia, que estaba estacionada en los pantanos del Vóljov. Adamsons recibió allí la Cruz de Hierro de 1ª Clase, en los «Combates del Alcázar», antigua posición española en el río. Allí resultó gravemente herido y perdió la vista de un ojo. En 1944, durante las batallas de retirada en territorio letón, entre Varakļani y Madona, volvió a ser herido. El 30 de agosto de 1944 ascendió a *Haupsturmführer*, mandando la 6ª Compañía del 44º Regimiento. En la tercera batalla de la Bolsa de Curlandia, Adamsons repelió varios ataques rusos con su compañía en la zona de Lestene y por ello fue condecorado con la *Ritterkreuz*. Pero Minervaldis volvió a ser herido, esta vez el otro ojo. Tras enterarse de que se estaba preparando su evacuación a Alemania, se escapó del hospital y regresó a su unidad. Su vista estaba tan deteriorada que tuvieron que operarlo en Liepaja. El 8 de mayo de 1945 se negó a huir por mar, y con todas las condecoraciones en su uniforme se entregó con orgullo a los «libertadores». Fue detenido y enviado al campo de prisioneros de guerra alemanes en Monchegorsk, cerca de Murmansk. En noviembre de 1945, junto con varios oficiales alemanes, decidió huir a la cercana Finlandia, pero su plan fue descubierto, lo mismo que su nacionalidad letona, por lo que fue enviado a la prisión de Murmansk, pero ya como «ciudadano de la URSS». Durante los numerosos interrogatorios a los que fue sometido, Adamson se mostró resistente y parco en sus respuestas. Declaró que era un soldado y que cumplió con su deber hasta el final. El 16 de mayo de 1946, el tribunal militar de la guarnición de Murmansk lo condenó a muerte por «traición a la patria». El 23 de agosto de 1946, invicto en el campo de batalla, el «Baigais» de Marruecos encontró la última bala que le quitó la vida.

OBERSTURMFÜHRER ROBERTS ANCANS

Nació el 11 de noviembre de 1919 en Tilza, distrito de Ludza. En el otoño de 1938 inició sus estudios de Economía en la Universidad de Letonia. Un año después se unió voluntariamente a las Fuerzas Armadas de Letonia para convertirse en jurídico militar. Esta intención se vio frustrada por la ocupación rusa de su país en 1940. En octubre de 1941, se integró en el 16º Batallón *Schuma* «*Zemgale*», marchando al frente como sargento de pelotón. Fue herido por primera vez en el invierno de 1941/1942, a orillas del río Velikaja. Después del tratamiento, fue enviado a un curso para oficiales, participando como teniente de la «Legión Letona» en las batallas de Leningrado, en los pantanos de Vóljov, cerca de Ostrova y en la Bolsa de Curlandia. En la tercera batalla de la Bolsa, la unidad de Ancans destruyó 14 carros soviéticos cerca de la esta-

ción de Lestene, con armas de infantería. En enero de 1945, por el heroísmo demostrado en esta batalla, Robert Ancans recibió la *Ritterkreuz*. Fue el representante de la 19ª División de Granaderos en el Comité Nacional Letón, fundado el 20 de febrero de 1945 en la Curlandia aislada. El general Bangerski lo nombró comandante del palacio de gobierno, que iba a estar en el Castillo de Edol. En la sexta batalla de Curlandia, Ancans resultó herido por octava vez, siendo trasladado al Hospital de Liepaja. El 8 de mayo de 1945 viajó a Alemania en un dragaminas En 1955 se trasladó a Estados Unidos, instalándose en Nueva York, trabajando como delineante en la empresa de ascensores Otis. Robert Ancans murió el 1 de enero de 1982 en Richmond Hill, Nueva York, y fue enterrado en el cementerio Catskill Brethren.

HAUPTSCHARFÜHRER ZANIS ANSONS

Nació el 4 de diciembre de 1911 en Priedulas. Después del servicio obligatorio en las Fuerzas Armadas de Letonia, continuó trabajando en la granja de su padre. En 1942, Anson se alistó en el 24º Batallón *Schuma* «*Talsi*», donde sirvió en la 1ª Compañía. Participó en combates contra partisanos fuera del territorio de Letonia. En abril se incorporó al 1º Batallón del 2º Regimiento de Infantería («Imanta») de la «Legión Letona». En abril de 1944, fue ascendido a *Hauptscharführer*. Después de que la brigada se transformara en división, en mayo de 1944, sirvió en el 44º Regimiento de Granaderos, termi-

nando en la Bolsa de de Curlandia. Además de de otras condecoraciones al valor, Ansons fue acreedor de la *Ritterkeuz* en enero de 1945, en la tercera Batalla de la Bolsa de Curlandia , por una acción con una unidad de reconocimiento de ocho hombres en la retaguardia del enemigo, antes del contraataque, haciéndose pasar por soldados rusos, pudiendo expulsarlos de una colina. Después de la capitulación de Alemania, Ansons no se rindió, escondiéndose en la zona de Mazrumene. El 18 de diciembre de 1945 fue detenido y deportado a Rusia. En 1955 regresó a Letonia. Falleció el 24 de noviembre de 1968.

OBERSTURMFÜHRER ALFREDS RIEKSTINS

Nació en Sabile el 30 de enero de 1913. Sirvió en el 7º Regimiento de Infantería de Sigulda, con el grado de sargento. Después de la ocupación de Letonia en 1940, Riekstins se escondió durante algún tiempo en el bosque. En el verano de 1941, cuando comenzó la guerra entre la URSS y Alemania, Riekstins trabajó en la unidad partisana nacional de Sabile. En 1942 se unió voluntariamente al 24º Batallón *Schuma* «*Talsi*». Participó en operaciones antipartisanas en las cercanías de Minsk y en batallas contra el ejército soviético en las afueras de Leningrado. Realizó el curso de instructor en Kingisep, ascendiendo a cabo. En la primavera de 1943, Riekstins luchó en el frente del Vóljov como parte del 40º Regimiento de la 2ª Brigada SS de la «Legión Letona». El 8 de agosto de 1944 fue nombrado jefe de pelotón en el Batallón de Exploración de la 19ª División, al mando del comandante Laumanis. Se distinguió en las batallas de la Bolsa de Curlandia con gran coraje personal y operaciones audaces y muy ingeniosas. El 16 de marzo de 1945, su unidad llevó a cabo un audaz reconocimiento en la retaguardia del Ejército Rojo, que condujo a la captura de varios tanques y cañones, interrumpiendo así un ataque enemigo a gran escala. Por esta acción, el 5 de abril de 1945, se le concedió *Ritterkreuz* y fue ascendido a teniente. Después de ser premiado, fue enviado al curso de jefe de compañía en Pastende. Tras la capitulación de Alemania, huyó a Suecia en lancha rápida, disfrazándose de civil y evitando el internamiento en un campo de prisioneros y la posterior extradición a la URSS. Tras diversos trabajos, en 1951 decidió cooperar con los servicios secretos occidentales operando en los territorios ocupados por la URSS y promoviendo indirectamente la restauración de la independencia de Letonia. Desafortunadamente, su compañero de viaje era un agente soviético infiltrado en la inteligencia occidental, por lo que fue cercado y se suicidó con una ampolla de veneno que se le había suministrado.

OBERSTURMFÜHRER ROBERTS GAIGALS

Nació en Tver el 16 de marzo de 1913. El 14 de octubre de 1936 fue reclutado para el servicio obligatorio del ejército letón, donde sirvió en el 9º Regimiento de Infantería de Rezekne, y ascendió a cabo. El 29 de octubre de 1938 Gaigals ingresó a la Escuela Militar, saliendo alférez en julio de 1940. Después de la ocupación de Letonia, permaneció en el ejército letón integrado en el 24º Cuerpo Territorial. Tras la invasión alemana, desertó del Ejército Rojo en el Frente Oriental. Posteriormente se uniría a la «Legión Letona» como alférez. El 12 de mayo de 1944, como jefe de compañía del 42º Regimiento de la 19ª División de Granaderos SS, recibió la Cruz de Hierro de 2ª Clase. Posteriormente fue ascendido a teniente, y el 26 de julio de ese mismo año se le concedió la Cruz de Hierro de 1ª Clase. El 5 de mayo de 1945, Gaigals recibió la *Ritterkreuz*. Además también obtuvo un distintivo de combate cuerpo a cuerpo en plata, distintivo de asalto de infantería y distintivo de herido en oro. Luchó en la Bolsa de Curlandia y al final de la Segunda Guerra Mundial, tras la capitulación del Tercer Reich, fue capturado por los soviéticos y deportado a Magadán, logrando regresar a Letonia en 1954. Falleció en Riga el 15 de abril de 1982 a la edad de 69 años.

Sturmbannführer Voldemars Reinholds

Nació en Bauska el 23 de junio de 1903. Comenzó su servicio en el ejército letón en el 2º Regimiento de Infantería de Ventspils, de la 1ª División de Infantería «Kurzeme». El 1 de septiembre de 1926 fue promovido alférez en la 1ª promoción de oficiales, ascendiendo a teniente en noviembre de 1929. En septiembre de 1941 formó parte del primer batallón *Schuma* de Letonia (el 16º Batallón «*Zemgale*»), como jefe de la 3ª compañía. A finales de 1942, Reinholds fue ascendido a capitán. En 1943 sería nombrado comandante del III Batallón del 42º Regimiento. El 28 de noviembre de 1944, Reinhold recibió la Cruz Alemana de Oro. Como miembro de la «Legión Letona», combatió desde el Vóljov hasta la Bolsa de Curlandia. El 15 de marzo de 1945 Rein-holds asumió el mando del 43º Regimiento de Granaderos de la 19ª División, sustituyendo al coronel Roberts Osis. El 8 de mayo de 1945 recibió la *Ritterkreuz*. Después de la capitulación de Alemania, Reinholds no se rindió, adentrándose en el bosque junto con varios compañeros, para continuar la lucha. Tras varias peripecias, Reinholds se trasladó a Riga, donde trabajó como electricista con un nombre falso (Andrejs Ostrovskis), hasta que un antiguo legionario reveló su verdadera identidad al NKVD, que lo arrestó el 21 de agosto de 1948. Reinhold fue sentenciado a 25 años en los campos de prisioneros de Vorkut. El 21 de agosto de 1958 Reinhold fue amnistiado, regresando a Riga, donde trabajó como electricista. Falleció el 4 de julio de 1986.

Obersturmführer Andrejs Freimanis

Nació el 21 de diciembre de 1914 en la parroquia de Grobina. De 1936 a 1939 sirvió en el 2º Regimiento de Infantería de Ventspils, del ejército letón, obteniendo en 1939 el grado de teniente. En abril de 1943, Freimanis fue reclutado en la 19ª División de Granaderos SS de la «Legión Letona», donde estuvo al mando de la 13ª Compañía del 44º Regimiento. Después de las batallas del Vóljov, recibió la Cruz de Hierro de 2ª clase, y en la Batalla de More, en septiembre de 1944, la Cruz de Hierro de 1ª clase y ascendió al empleo de teniente. En la Bolsa de Curlandia, el 5 de mayo de 1945, fue acreedor de la *Rit*-*terkreuz*, que nunca le sería entregada. Después de la capitulación de Alemania, Freimanis quedó prisionero del Ejército Rojo. En noviembre de 1946 regresó a Letonia y desde 1983 vivió en Lutrini, distrito de Saldus. Después de la restauración de la independencia de Letonia, el 16 de marzo de 1993, se celebró un acto solemne en el salón de actos de la Universidad Técnica de Riga, en el que al otrora *Obersturmführer* Andrejs Freimanis, le fue impuesta la Cruz de Caballero de la Cruz de Hierro, concedida al final de la guerra. Falleció el 10 de septiembre de 1994.

CRUCES ALEMANAS EN ORO

Obersturmführer Rudolfs Gaitars (1907-1945) 11-5-1944 (7ª Compañía Reg. 42/19)

Hauptstur-mführer Georgs Seibelis (1913-1970) 27-I-1945 (II Bon. Reg. 42/19) Curlandia

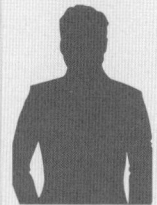

Obersturmführer Minervaldis Ziedanis (1915-1946) 8-5-1945 (13ª Compañía) Reg. 42/19) Curlandia

Standartenführer Karlis Lobe (1895-1995) 28-6-1944 (Reg. 42/19)

Hauptstur-mführer Zanis Butkus (1906-1999) 28-6-1944 (10ª Compañía Reg. 43/19)

Obersturmban-nführer Rudolfs Kocins (1907-1990) 29-I-1945 (Reg. 44/19)

Sturmbannführer Gustavs Praudins (1899-1965) 7-I-1944 (I Bon. Reg. 44/19)

Obersturmban-nführer Nikoljas Galdins (1902-1945) 25-I-1945 (Reg. 42/19)

Untersturmführer Karlis Musins (1919-1955) 8-5-1945 (4ª Compañía. 42/19)

Obersturmbann-führer Voldemars Reinholds (1903-1986) 28-11-1944 (I Bon. Reg. 42/19)

Sturmbanführer Eduards Stipnieks (1902-1983) 12-9-1944 (KG Reg. 43/19)

Hauptsturmführer Visvaldis Graumanis (1913-1944) 9-1-1945 (póstuma) (II Bon. Reg. 44/19)

Untersturmführer Janis Pickelis (1915-¿?) 8-5-1945 (sección ciclista 44/19)

Obersturm-bannführer Voldemars Gravelis (1900-¿?) 10-3-1945 (Reg. Artillería 19)

Obersturmführer Paulis Sprincis (1912- 2006) 28-2-1945 (2ª Compañía Bon. Reco. 19/19)